I0457912

Ὁ ἐπὶ Τροίᾱν Πόλεμος

Comprehensible Greek 1

Level F

Extensive Reading Foundation Scale: Elementary Mid

Beginner				Elementary			Intermediate		
Alphabet	Early	Mid	High	Early	Mid	High	Early	Mid	High
50	100	200	300	400	600	800	1000	1250	1500

This book has 430 headwords (2 cognates & 35 proper nouns),
943 word forms, and 5067 total words.

Ὁ ἐπὶ Τροίᾱν Πόλεμος

(Ho epi Troian Polemos)

A Greek Novella

Translated and Adapted by

Seumas Macdonald

Illustrated by

Oralyn Murchison

Based on *Bellum Troianum: A Latin Novella*, by
Brian Gronewoller

STORYBASE
• BOOKS •

Published by Storybase Books
Peachtree Corners, GA

www.storybasebooks.com

Publisher's Cataloging-in-Publication
(Provided by Cassidy Cataloguing Services, Inc.)
NAMES: Macdonald, Seumas, author. | Murchison, Oralyn, illustrator. | Based on (work): Homer. Iliad. | Based on (work): Virgil. Aeneis.
TITLE: Ὁ ἐπὶ Τροίαν Πόλεμος : a Greek novella / translated and adapted by Seumas Macdonald ; illustrated by Oralyn Murchison.
OTHER TITLES: Epi Troian Polemos. | Trojan War.
DESCRIPTION: First edition. | Peachtree Corners, GA : Storybase Books, [2025] | Series: Comprehensible Greek ; 1. | "Based on Bellum Troianum: a Latin novella, by Brian Gronewoller." | Audience: Greek language learners.
IDENTIFIERS: LCCN: 2025940873 | ISBN: 9781963471786 (paperback) | 9781963471793 (ebook)
SUBJECTS: LCSH: Greek language—Readers—Trojan War. | Greek language—Study and teaching. | Trojan War—Readers. | Trojan War—Fiction. |
BISAC: LANGUAGE STUDY / Ancient Languages. | LANGUAGE ARTS & DISCIPLINES / Readers.
CLASSIFICATION: LCC: PA260 .M33 2025 | DDC: 488.6/421—DC23

Contents

Preface and Acknowledgements

Recent years have seen a florescence of Latin novellas, which has been a great help to Latin learners and teachers alike. Ancient Greek novellas of the same kind have been few and far between. Having worked for several years now in teaching through communicative methods, and proofreading several Latin and Greek novellas and other projects, I was delighted when Brian Gronewoller first approached me about this particular task. A novella that covered the Trojan War, already written in Latin, seemed a relatively easy task to carry across into Greek: it is, after all, based on a Greek epic!

In producing the Greek version of this novella, I have not aimed at translation so much as re-creation. Although the text often cleaves closely to the Latin version, I have never felt constrained to retain its features, so much as set upon a foundation to produce a truly Greek version. In doing so, I have employed a few principles that will be of interest:

(1) I have aimed to produce what I think is 'correct' Greek, but not necessarily stylistically pleasant Greek. What I mean by this, is that the level of repetition and specificity used in the writing is well beyond what a typical Greek text might employ. This means there is far more explicit information, and far less ellipsis, use of relative clauses, and presence of participles. At the same time, I have aimed to produce typical Greek syntax patterns, and have not sought to accommodate this to the English reader so much.

(2) Since the original is not a graded reader, neither is this. I have not sheltered specific grammar features, and so the reader will find a few complex structures here and there, where they felt called for, including an optative or two.

(3) The vocabulary remains very sheltered. However, the move from Latin to Greek required important changes, since words common in Latin may not have a counterpart, or a common one, in Greek. At every stage I have sought to express the sense in comprehensible and simple Greek.

(4) Although the story told is a Homeric one, the vocabulary and syntax remain primarily Attic. While perhaps some may desire a novella written in 'simple Homeric,' that seems like a different project altogether. My hope is that this version in Attic will find a broad reception.

I want to offer hearty thanks to all the students at SeumasU, who have made teaching Greek and Latin online both fun and viable. I would also like to specifically thank Andrew Morehouse, Gregory Stringer, Isaac Bennett-Smith, and Claire Mieher, who have been great general encouragements in the space of communicative teaching and Greek writing projects.

Specific thanks go to Brian Gronewoller, for first approaching me about this project, and for gently prodding me at just the right times to keep it going; and to John Foulk, Jarett Knight, Claire Mieher, and Andrew Morehouse, all of whom provided invaluable feedback and saved me from several embarrassing mistakes. Remaining errors are to my embarrassment alone.

And final thanks and gratitude to my wife Rachel and daughter Sorcha, both precious gifts from God.

Sydney
June 2025

Κεφάλαιον α᾽
Καλλίστη

συμπόσιον[1] ἦν. συμπόσιον ἦν ἐν τῷ ὄρει τῷ Ὀλύμπῳ. ὁ μὲν οὖν Ζεὺς πολλοὺς θεούς τε καὶ θεὰς πρὸς τὸ συμπόσιον **προσεκάλεσεν**.[2]

ἐξαίφνης δὲ **μῆλόν**[3] τι ἐν μέσῳ τῷ συμποσίῳ **ἐφάνη**.[4]

πάντες οὖν θεοί τε καὶ θεαὶ πρὸς τὸ μῆλον ἔβλεπον. **λέξις**[5] τις ἐν τῷ μήλῳ γέγραπται· «**καλλίστη**».[6]

---

[1] **συμπόσιον** *party*
[2] **προσεκάλεσεν** *invited*
[3] **μῆλόν** *apple*
[4] **ἐφάνη** *appeared*
[5] **λέξις** *a word*
[6] **καλλίστη** *to the most beautiful*

ἐξαίφνης οὖν ἡ Ἥρα, γυνὴ τοῦ **Διός**,[7] εἶπεν «ἐγώ εἰμι ἡ καλλίστη θεά. ἐμοὶ οὖν τὸ μῆλον ἔπεμψέν τις.»

«οὐδαμῶς,» ἐβόησεν ἡ θεὰ ἡ Ἀθηνᾶ. «οὐκ εἶ σὺ ἡ καλλίστη θεά. ἐγὼ δὲ ἡ καλλίστη. ἐμοί οὖν τὸ μῆλον ἔπεμψέν τις.»

---

[7] **Διός** of Zeus (Ζε- changes to Δι- in most forms)

«ἆ ἆ ἄ,» ἡ Ἀφροδίτη **κατεγέλασε**[8] τῆς τε Ἥρας καὶ τῆς Ἀθηνᾶς. «ὑμεῖς δὲ οὔκ ἐστε αἱ καλλίσται αἱ θεαί. ἐγὼ δέ εἰμι ἡ θεὰ τοῦ **κάλλους**.[9] **δῆλόν**[10] ἐστιν . . . ἐγώ εἰμι ἡ καλλίστη. ἐμοί οὖν τὸ μῆλον ἔπεμψέν τις.»

αἱ μὲν οὖν τρεῖς θεαὶ **ἤρξαντο**[11] βοῶσαι καὶ μαχόμεναι. ἐν ᾧ μάχονται, ἡ Ἥρα **ἔσχεν**[12] τὸ μῆλον.

εἶτα ἡ Ἥρα ἐβόησεν, «ὦ Ζεῦ!»

ὁ δὲ Ζεὺς **μεριμνᾷ**.[13]

ἡ δὲ Ἥρα· «ὦ Ζεῦ!»

οὐδὲ **ἀποκρίνεται**[14] ὁ Ζεύς.

ἡ δὲ Ἥρα· «ὦ Ζεῦ!»

ὁ δὲ Ζεύς· «τί;»

---

[8] **κατεγέλασε** *laughed at*

[9] **κάλλους** *of beauty (as an abstract quality)*

[10] **δῆλόν** *clear*

[11] **ἤρξαντο** *began*

[12] **ἔσχεν** *took hold of*

[13] **μεριμνᾷ** *worries (i.e., is anxious)*

[14] **ἀποκρίνεται** *respond, answer*

ἡ μὲν οὖν Ἥρᾱ ἐβούλετο **δοῦναι**[15] τὸ μῆλον τῷ Διί. ὁ δὲ οὐκ ἐβούλετο ἔχειν τὸ μῆλον. ἡ δὲ Ἥρᾱ ἔδωκεν τὸ μῆλον τῷ Διί.

ἡ Ἥρᾱ «ὦ ἄνερ μου φίλτατε, τίς ἐστιν ἡ καλλίστη θεά; **οὐ**[16] γὰρ ἐγώ εἰμι ἡ καλλίστη θεά;»

ἥ τε Ἀθηνᾶ καὶ ἡ Ἀφροδίτη· «ἆ ἆ! ὦ Ζεῦ, εἰπὲ τὰ ἀληθῆ!»

πάντες μὲν οὖν καὶ οἱ θεοὶ καὶ αἱ θεαὶ οἱ ἐν τῷ Ὀλύμπῳ πρὸς τὸν Δία ἔβλεπον.

ὁ δὲ Ζεύς· «θεαί . . . θεαί . . . ὑμεῖς πᾶσαί ἐστε καλαί.»

ἡ δὲ Ἥρᾱ· «ναί, ἀληθῶς γε . . . ἀλλὰ τίς ἐστιν ἡ καλλίστη;»

τὸ δὲ πρᾶγμα ὁ Ζεὺς οὐκ ἠθέλησεν **κρῖναι.**[17] οὐκ ἠθέλησεν κρῖναι τὸ πρᾶγμα, εἰ γὰρ τὸ πρᾶγμα ἔκρῑνεν, δύο θεαὶ αὐτὸν **ἐμῑ́σουν ἄν.**[18]

---

[15] **δοῦναι** *to give*

[16] A question with a leading οὐ expects an affirmative answer.

[17] **τὸ δὲ πρᾶγμα . . . κρῖναι** *to judge the matter*

[18] **ἐμῑ́σουν ἄν** *would hate*

μεριμνᾷ οὖν ὁ Ζεύς.

πρὸς τοὺς ἀλλοὺς θεοὺς καὶ θεὰς ἔβλεψεν μεριμνῶν.

ἐξαίφνης δὲ ὁ Ζεὺς **ἐβούλευσεν βουλήν**.[19] πρὸς τὴν θύρᾱν ἔβλεψεν.

εἶτα δὲ ὁ Ζεὺς ἐβόησεν, «αἴ! ἐπὶ τῇ θύρᾳ ἐστί . . . **τέρας**!»[20]

πάντες οὖν οἵ τε θεοὶ καὶ θεαὶ πρὸς τὴν θύρᾱν ἔβλεψαν.

ταχέως[21] οὖν ἔβαλεν ὁ Ζεὺς τὸ μῆλον πρὸς τὴν γῆν.

τὸ δὲ μῆλον ἔπεσεν ἀπὸ τοῦ ὄρους τοῦ Ὀλύμπου . . .

. . . πρὸς τὴν γῆν.

διὰ πολλοῦ[22] τὸ μῆλον ἐπὶ τὴν γῆν ἔπεσεν. ἐπὶ τὸ ὄρος, τὴν Ἴδην, ἔπεσεν.

---

[19] **ἐβούλευσεν βουλήν** *devised a plan*

[20] **τέρας** *a monster*

[21] **ταχέως** *quickly*

[22] **διὰ πολλοῦ** *for a long time*

ἐν δὲ τούτῳ πάντες οἵ τε θεοὶ καὶ αἱ θεαὶ πρὸς τὴν θύρᾱν ἔβλεψαν.

οὐδὲν δὲ τέρας εἶδόν γε.

ἡ μὲν Ἥρᾱ· «τέρας; ἔγωγε τέρας οὐχ ὁρῶ.»

ὁ δὲ Ζεύς· «**συγγνώμην ἔχε**.[23] **συνεχύθην**.»[24]

νῦν δὲ πάντες οἵ τε θεοὶ καὶ αἱ θεαὶ πρὸς τὸν Δία ἔβλεψαν.

ὁ οὖν Ζεύς· «αἴ! τὸ μῆλον ἐκ τοῦ Ὀλύμπου ἔπεσεν! ἰδού, τὸ μῆλον ἐπὶ τῇ Ἴδῃ ἐστίν.»

εὐθὺς ἥ τε Ἥρα καὶ ἡ Ἀθηνᾶ καὶ ἡ Ἀφροδίτη ἐβόησαν, «αἴ! τὸ μῆλον ἐμοῦ!»

εἶτα δὲ αἱ τρεῖς θεαὶ ταχέως πρὸς τὴν Ἴδην ἦλθον **ἵνα**[25] τὸ μῆλον εὑρίσκωσιν.

---

[23] **συγγνώμην ἔχε** *excuse me*

[24] **συνεχύθην** *I was confused*

[25] **ἵνα** *so that, in order to (i.e., so that they might find the apple, in order to find the apple)*

Κεφάλαιον β'

Πάρις

ἰδού, Πάρις.

ὁ Πάρις ἦν ἐν τῇ Ἴδῃ. ἡ δὲ Ἴδη οὐκ ἦν **ἐν τῇ Ἑλλάδι.**[1] **ἐγγὺς δὲ Τροίᾱς**[2] ἦν ἡ Ἴδη. ἡ δὲ Τροίᾱ ἦν ἐν τῇ Ἀσίᾳ. υἱὸς δὲ **τοῦ τῶν Τρώων βασιλέως**[3] ἦν ὁ Πάρις. ἐν δὲ τῇ Ἴδῃ ἦν ὁ Πάρις.

---

[1] **ἐν τῇ Ἑλλάδι** *in Greece*
[2] **ἐγγὺς δὲ Τροίᾱς** *near Troy*
[3] **τοῦ τῶν Τρώων βασιλέως** *of the Trojan king*

ἐξαίφνης μῆλον ἐκ τοῦ οὐρανοῦ ἔπεσεν. τὸ οὖν μῆλον τὸν **Πάριδα**[4] ἔτυψεν.

ὁ Πάρις· «αἴ; τί δή;»

εἶτα δὲ, τὸ μῆλον εἶδεν ὁ Πάρις.

ὁ Πάρις· «τί; πῶς τοῦτο τὸ μῆλον ἔπεσεν ἐκ τοῦ οὐρανοῦ;»

ἔλαβεν[5] οὖν τὸ μῆλον ὁ Πάρις. ἐν δὲ τῷ μήλῳ «καλλίστῃ» γέγραπται.

---

[4] **Πάριδα** Paris (Πάρις *changes to* Πάριδ- *in many of the word's forms*)

[5] **ἔλαβεν** *took hold of*

ὁ Πάρις· «ἴσως τοῦτο τὸ μῆλόν ἐστι **φαρμακῶδες.**[6] **οἴσω**[7] αὐτὸ εἰς τὴν Τροίαν ἵνα **δείξω**[8] τῷ πατρί μου.»

ἤρξατο οὖν φέρων τὸ μῆλον πρὸς τὴν Τροίαν.

ἐξαίφνης θεαὶ τρεῖς ἐφάνησαν τῷ Πάριδι—ἥ τε Ἥρα, καὶ ἡ Ἀθηνᾶ, καὶ ἡ Ἀφροδίτη.

ἡ Ἥρᾱ· «χαῖρε, ὦ Πάρι. **δός μοι**[9] τὸ μῆλον.»

ἡ Ἀθηνᾶ· «οὐδαμῶς, ὦ Πάρι. ἀλλὰ δὸς ἐμοὶ τὸ μῆλον.»

ἡ Ἀφροδίτη· «ὦ Πάρι, τίς λέξις γέγραπται ἐν τῷ μήλῳ;»

ὁ Πάρις· «. . . καλλίστη.»

ἡ Ἀφροδίτη· «εὖ λέγεις. κρῖνον τὸ πρᾶγμα. τίς ἐστιν ἡ καλλίστη θεά;»

ἐσκόπει οὖν ὁ Πάρις ἐπὶ τὴν Ἥρᾱν. ἔπειτα

---

[6] **φαρμακῶδες** *magical*
[7] **οἴσω** *I will carry*
[8] **δείξω** *(I might) show*
[9] **δός μοι** *give me . . .*

δὲ ἐπὶ τὴν Ἀθηνᾶν ἐσκόπει. τέλος δὲ ἐσκόπει ἐπὶ τὴν Ἀφροδίτην.

ἀλλὰ οὐκ ἐδύνατο τὸ πρᾶγμα κρίνειν. **χαλεπὸν**[10] δ' ἦν κρίνειν διότι πᾶσαι αἱ τρεῖς θεαὶ ἦσαν καλαί.

τὸν Πάριδα **συγκεχυμένον**[11] ἰδοῦσα ἡ Ἥρᾱ εἶπεν, «ὦ Πάρι, ἐὰν ἐμοὶ τὸ μῆλον **δῷς**,[12] **τὴν δὲ ἀρχὴν**[13] τὴν τῆς Εὐρώπης καὶ τῆς Ἀσίας

[10] **χαλεπὸν** *difficult*
[11] **συγκεχυμένον** *confused*
[12] **δῷς** *you will give*
[13] **τὴν δὲ ἀρχὴν** *the rule (i.e., the kingdom of)*

δώσω[14] σοι.»

ὁ Πάρις· «εὖ γε! καλλίστη τῶν θεῶν ἐστιν ἡ Ἥρ . . .»

ἡ Ἀθηνᾶ· «μένε,[15] ὦ Πάρι. ἐμοὶ δὲ ἐὰν δῷς τὸ μῆλον, σοφίᾱν[16] καὶ τέχνᾱς τοῦ πολέμου[17] δώσω σοι.»

[14] δώσω *I will give*
[15] μένε *wait!*
[16] σοφίᾱν *wisdom*
[17] τέχνᾱς τοῦ πολέμου *the arts of war (i.e., the skills for successfully waging war)*

ὁ Πάρις· «χάριν σοι ἔχω, ὦ Ἀθηνᾶ! καλλίστη οὖν τῶν θεῶν ἐστιν ἡ Ἀθη . . .»

Ἡ οὖν Ἀφροδίτη· «μένε, ὦ Πάρι, μένε! τὸ γὰρ μῆλον ἐὰν ἐμοὶ δῷς, ἔγωγε τὴν καλλίστην γυναῖκα τὴν ἐπὶ τῆς γῆς δώσω σοι.»

ὁ Πάρις· «τὴν καλλίστην γυναῖκα ἐπὶ τῆς γῆς;»

ἡ Ἀφροδίτη· «ἀληθῶς γε.»

ὁ **Πάρις**· «ὦ Ἀφροδίτη, ὦ Ἀφροδίτη! ἡ οὖν Ἀφροδίτη ἐστὶν ἡ καλλίστη τῶν θεῶν.»

τοῦτο εἰπὼν τῇ Ἀφροδίτῃ ἔδωκε τὸ μῆλον. ἡ δὲ Ἥρᾱ καὶ ἡ Ἀθηνᾶ ὠργίζοντο. ἡ δὲ Ἀφροδίτη πολὺ ἔχαιρεν.

ὁ **Πάρις**· «ὦ Ἀφροδίτη, ποῦ δὲ δή ἐστι ἡ καλλίστη γυνὴ ἡ ἐπὶ τῆς γῆς;»

ἡ Ἀφροδίτη «ἡ καλλίστη γυνὴ δήπου ἐστὶν ἐν τῇ Σπάρτῃ.»

Κεφάλαιον γ᾿
Ἑλένη

ἦν δὴ συμπόσιον μέγα. ὁ Πάρις ἦν ἐν τῷ συμποσίῳ τῷ μεγάλῳ.

τὸ συμπόσιον ἦν ἐν τῇ Σπάρτῃ. ἡ δὲ Σπάρτη **ἐν τῇ Ἑλλάδι.**[1]

ἰδού,
ἡ Ἑλλάς.

ἰδού,
ἡ Σπάρτη.

---

[1] **ἐν τῇ Ἑλλάδι** *in Greece*

Μενέλᾱος οὖν, βασιλεὺς τῆς Σπάρτης, ἦν ἐν τῷ συμποσίῳ.

καὶ Ἑλένη, βασίλισσα τῆς Σπάρτης, ἐν τῷ συμποσίῳ ἦν. ἰδοὺ ἡ Ἑλένη, ἡ καλλίστη γυνὴ ἐπὶ τῆς γῆς!

τὴν γὰρ Ἑλένην ἰδῶντα τὸν Πάριδα **ἔρως αὐτῆς ἔσχεν.**[2] **χαλεπὸν**[3] δὲ ἐρᾶν αὐτὸν τῆς Ἑλένης, **ἀνδρὸς ἤδη αὐτῆς ὄντος.**[4]

---

[2] **ἔρως αὐτῆς ἔσχεν** *desire for her gripped (Paris)*
[3] **χαλεπὸν** *difficult*
[4] **ἀνδρὸς ἤδη αὐτῆς ὄντος** *since she already has a husband*

ἡ μὲν οὖν Ἑλένη ἐκ τοῦ συμποσίου ἐξέβη.

ἐξέβη δὲ καὶ ὁ Πάρις ἐκ τοῦ συμποσίου.

ὁ Πάρις· «χαῖρε, ὦ βασίλισσα Ἑλένη.»

ἡ Ἑλένη· «χαῖρε. τί ὄνομά σοι;»

ὁ Πάρις· «ἐμοὶ ὄνομά ἐστιν Πάρις. ὁ δὲ πατήρ μου βασιλεὺς τῆς Τροίας. ὦ Ἑλένη ... καλλίστη Ἑλένη ... ἐγώ ... ἐγώ ... σοῦ ἐρῶ.»

συγκεχυμένη οὖν ἦν ἡ Ἑλένη. **σῑγὴ**[5] δ' ἦν. **μακρὰ̄**[6] οὖν ἡ σῑγή.

ἔπειτα δὲ τοῦ Πάριδος κατεγέλασεν ἡ Ἑλένη, λέγουσα «ἆρα σὺ δὴ ἐρᾷς μου; ἃ ἃ ἅ! ἆρα συγκεχυμένος εἶ σύ γε; **ἆρα μαίνῃ**;[7] ἃ ἃ ἅ!»

ἐξαίφνης δὲ δὴ ὁ Ἔρως, θεὸς ὤν, ἐφάνη.

οὗτος ὁ Ἔρως μέντοι υἱὸς τῆς Ἀφροδίτης.

καὶ δὴ καὶ θεὸς τοῦ ἔρωτος.

---

[5] **σῑγὴ** *silence*
[6] **μακρὰ̄** *long*
[7] **ἆρα μαίνῃ**; *are you mad?*

ἔνευσε[8] οὖν τῷ Πάριδι. εἶτα δὲ ὁ Ἔρως **τοξεύματι ἐτόξευσε**[9] τὴν Ἑλένην. ἐξαίφνης εἰς ἔρωτα ἦλθεν ἡ Ἑλένη.

ἡ Ἑλένη· «Πάρις . . . ὦ Πάρι, ἐρῶ δή σου! **φίλησον**[10] με!»

---

[8] **ἔνευσε** *nodded (to)*

[9] **τοξεύματι ἐτόξευσε** *shot an arrow (from a bow)*

[10] **φίλησον** *kiss!*

ἐξαίφνης οὖν ὁ Πάρις τὴν Ἑλένην ἐφίλει.[11]
πολύν γε χρόνον ἐφίλει αὐτήν. ἡ δὲ Ἑλένη
ἐφίλει τὸν Πάριδα. λάθρᾳ[12] ὁ Πάρις τὴν
Ἑλένην ἐφίλει. πολλὰς ἡμέρᾱς[13] τὴν Ἑλένην
ὁ Πάρις ἐφίλει. πολλὰς δὲ ἡμέρᾱς, λάθρᾳ, ἡ
Ἑλένη ἐφίλει τὸν Πάριδα.

ἐκ τῆς Σπάρτης οὖν ὅ τε Πάρις καὶ ἡ Ἑλένη
ἔφῡγον. ἡ γὰρ Ἑλένη σὺν τῷ Πάριδι ἦλθεν εἰς
τὴν Τροίᾱν. νηΐ[14] ἦλθον εἰς τὴν Τροίᾱν ἥ τε
Ἑλένη καὶ ὁ Πάρις.

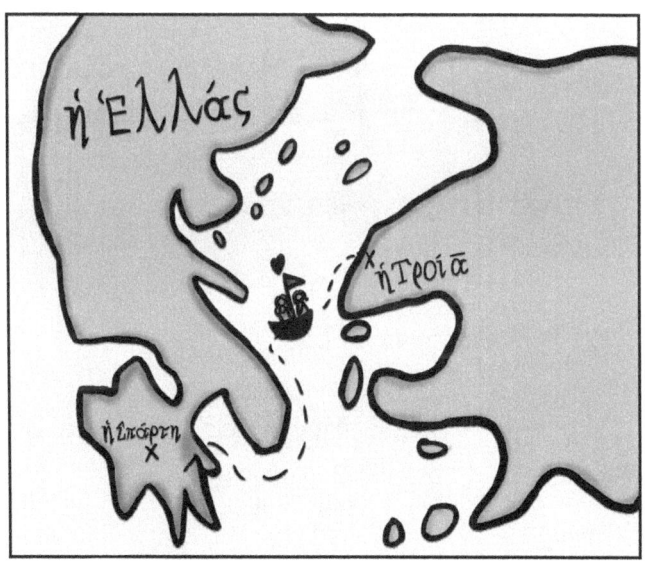

[11] ἐφίλει *kissed*
[12] λάθρᾳ *in secret*
[13] πολλὰς ἡμέρᾱς *for many days*
[14] νηΐ *by ship*

ἐν τῇ νηΐ, ἡ Ἑλένη εἶπεν· «σοῦ ἐρῶ, ὦ Πάρι!»

ἐν δὲ τῇ νηΐ, καὶ ὁ Πάρις εἶπεν· «καὶ ἐγὼ ἐρῶ σου, ὦ Ἑλένη!»

⁎

ἐν δὲ τῇ Σπάρτῃ ἠρώτᾱ ὁ Μενέλᾱος, «ποῦ ἐστιν ἡ γυνή μου; ποῦ δή ἐστιν ἡ Ἑλένη;»

οὐδεὶς ἀπεκρίνατο. σῑγὴ ἦν. μακρὰ δὴ ἡ σῑγή.

ἐν δὲ τῇ Σπάρτῃ, ὁ Μενέλᾱος ἐβόησεν, «ποῦ ἐστιν ἡ γυνή μου; ποῦ ἐστιν ἡ Ἑλένη;»

Σπαρτιάτης τις «ἐν νηΐ,» ἔφη, «σὺν τῷ Πάριδι.»

ὁ Μενέλᾱος· «τί; τί δή;»

ὠργίζετο οὖν ὁ Μενέλᾱος. μάλιστα δὴ ὠργίζετο.

Κεφάλαιον δ᾽

Ἀγαμέμνων

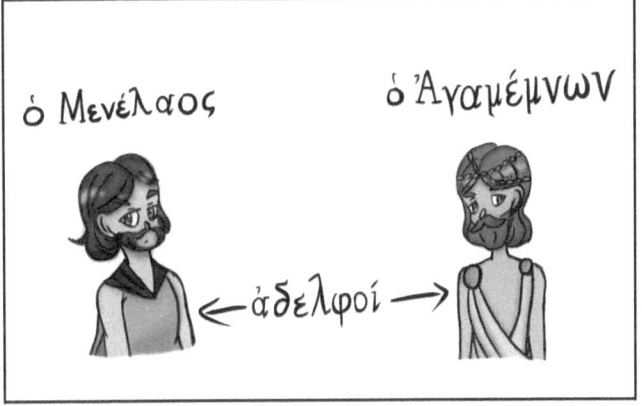

ἰδού, Ἀγαμέμνων.

ὅ τε Ἀγαμέμνων καὶ ὁ Μενέλᾱος ἦσαν ἀδελφοί.

ὁ μὲν Ἀγαμέμνων βασιλεὺς Ἀχαιῶν. ὁ δὲ Μενέλᾱος βασιλεὺς τῆς Σπάρτης. ἀλλὰ βασιλεὺς πάντων τῶν Ἀχαιῶν ἦν ὁ Ἀγαμέμνων. ὁ οὖν Ἀγαμέμνων **μείζων** ἦν ἢ[1] ὁ Μενέλᾱος.

---

[1] **μείζων . . . ἢ** *greater than*

ὁ Μενέλᾱος· «ὦ ἀδελφέ! ὁ Πάρις **ἀφεῖλε**[2] τὴν Ἑλένην μοι. ἀφεῖλε οὗτος τὴν γυναῖκά μου.»

ὁ Ἀγαμέμνων· «αἴ! ὁ Πάρις κακὸς ἀνήρ ἐστιν.»

ὁ Μενέλᾱος· «ἀληθῶς γε, ὦ ἀδελφέ. κακὸς ὁ Πάρις. κακοὶ πάντες οἱ Τρῶες. βούλομαι οὖν ἀποκτείνειν τὸν Πάριδα. βούλομαι ἀποκτείνειν πάντας τοὺς Τρῶας. ἐγὼ δὴ βούλομαι **ἀπολλύναι**[3] τὴν Τροίᾱν!»

τὸ δὲ πρᾶγμα **ἐνενόει**[4] ὁ Ἀγαμέμνων.

πολὺν οὖν χρόνον ἐνενόει.

ἐν ᾧ ἐνενόει ὁ Ἀγαμέμνων τὸ πρᾶγμα, ἥ τε Ἥρᾱ καὶ ἡ Ἀθηνᾶ **ἐκίνουν τὸν νοῦν**[5] τοῦ Ἀγαμέμνονος.

---

[2] **ἀφεῖλε** *stole*
[3] **ἀπολλύναι** *to destroy*
[4] **ἐνενόει** *was considering (the plan)*
[5] **ἐκίνουν τὸν νοῦν** *they were moving the mind of (i.e., they were influencing the thoughts of)*

τὸν γὰρ Πάριδα ἐμίσησαν ἡ Ἥρᾱ καὶ ἡ Ἀθηνᾶ. καὶ υἱὸς τοῦ βασιλέως τῆς Τροίᾱς ὁ Πάρις ἦν. τούτων ἕνεκα ἥ τε Ἥρᾱ καὶ ἡ Ἀθηνᾶ ἐκίνουν τὸν νοῦν τοῦ Ἀγαμέμνονος ἵνα **πολεμήσῃ**[6] τοῖς Τρωσίν.

ἐξαίφνης οὖν ὁ Ἀγαμέμνων ἐβουλήθη πολεμῆσαι τοῖς Τρωσίν.

---

[6] **πολεμήσῃ** *wage war (against)*

ὁ Ἀγαμέμνων· «ἀληθῶς γε, ὦ ἀδελφέ. πολεμῶμεν τοῖς Τρωσίν.»

ἔπειτα δὲ Ἀγαμέμνων, βασιλεὺς τῶν Ἀχαιῶν, **ἔστειλε χῑλίᾱς**[7] ναῦς ἐπὶ τὴν Τροίᾱν. οὕτως οὖν ἦν ἡ ἀρχὴ τοῦ περὶ τὴν Τροίᾱν πολέμου.

---

[7] **ἔστειλε χῑλίᾱς** *prepared a thousand, equipped a thousand*

Κεφάλαιον ε᾽
ἡ θυσίᾱ τοῦ Ἀγαμέμνονος

πρὶν ἔπλευσε[1] ἐπὶ τὴν Τροίᾱν ὁ Ἀγαμέμνων, ἐβουλήθη βρῶμα φαγεῖν. ἦλθεν οὖν εἰς ὕλην μῑκρᾱν ἵνα ἀποκτείνῃ **ἔλαφον**,[2] **βρώματος ἕνεκα**.[3]

ἐν δὲ τῇ ὕλῃ τῇ μῑκρᾷ, ἔλαφον εἶδεν ὁ Ἀγαμέμνων μέγαν. τὸν μέγαν ἔλαφον ἰδών, ἀπέκτεινεν αὐτὸν, βρώματος ἕνεκα.

---

[1] **πρὶν ἔπλευσε** *before (he) sailed*
[2] **ἔλαφον** *deer*
[3] **βρώματος ἕνεκα** *for the sake of food*

ἔχαιρε[4] οὖν πολὺ ὁ Ἀγαμέμνων. ἀλλὰ οὐκ ἔχαιρε ἡ Ἄρτεμις.

ἰδοὺ ἡ Ἄρτεμις!

---

[4] ἔχαιρε *was happy, rejoiced*

θεὰ ἦν ἡ Ἄρτεμις.

ἦν ἡ θεὰ **τῶν θηρευτῶν**[5] . . . καὶ ἡ θεὰ ἡ Ἄρτεμις **ὀργίλως εἶχεν.**[6] ὀργίλως εἶχεν ἡ Ἄρτεμις διότι ὁ Ἀγαμέμνων ἔλαφον ἐν τῇ μῑκρᾷ ὕλῃ ἀπέκτεινε.

ἡ δὲ Ἄρτεμις οὐδὲν τῷ Ἀγαμέμνονι εἶπεν.

τῇ δὲ ὑστεραίᾳ[7] ὅ τε Ἀγαμέμνων καὶ Ἀχαιοὶ πολλοὶ εἰς ναῦς εἰσέβησαν ἵνα **πλέωσιν**[8] ἐπὶ Τροίᾱν.

δι' ὀλίγου ἐβόησεν ὁ Ἀγαμέμνων, «Τροίᾱ!»

ἀλλὰ . . . αἴ! οὐδεὶς **ἄνεμος ἔπνει.**[9] πολλὰς οὖν ἡμέρᾱς ἄνεμος οὐκ ἔπνει.

τῇ μὲν πρώτῃ ἡμέρᾳ ὀργίλως εἶχεν ὁ Ἀγαμέμνων. τῇ δὲ ἑτέρᾳ ὀργιλώτερον εἶχεν. τῇ δὲ τρίτῃ ὀργιλώτατα εἶχεν ὁ Ἀγαμέμνων.

---

[5] **τῶν θηρευτῶν** *of hunters*
[6] **ὀργίλως εἶχεν** *was angry*
[7] **τῇ δὲ ὑστεραίᾳ** *on the next day*
[8] **πλέωσιν** *they might sail*
[9] **ἄνεμος ἔπνει** *wind was blowing*

ἐβόησεν γὰρ ὁ Ἀγαμέμνων, «ποῖ[10] ἔφῡγεν ὁ ἄνεμος;»

ἐξαίφνης δὲ ἐφάνη ἡ θεὰ ἡ Ἄρτεμις. πάντες οὖν οἱ Ἀχαιοὶ ἐφοβοῦντο μὴ αὐτοὺς πάντας **ἀποκτείνειεν**[11] ἡ Ἄρτεμις.

ἡ γὰρ Ἄρτεμις ὀργίλως ἐβόησεν, «ὦ Ἀγάμεμνον. ἔλαφος ἐν τῇ ἐμῇ ὕλῃ τέθνηκε. σύ γε τὸν ἔλαφον ἀπέκτεινας. τούτου ἕνεκα οὐδεὶς ἄνεμος πνεύσεται, **εἰ μὴ**[12] **θυσίᾱν**[13] ἐμοὶ ποιήσεις.»

ὁ δὲ Ἀγαμέμνων· «ἀληθῶς γε, ὦ θεά. τί οὖν βούλῃ με **θῦσαι;**»[14]

ἡ δὲ Ἄρτεμις· «ἔγωγέ σε θῦσαι βούλομαι τὴν σὴν θυγατέρα.»

οἱ δὲ Ἀχαιοὶ ἐβόησαν, «αἴ αἴ.»

ἀλλὰ ὁ Ἀγαμέμνων τοὺς τῆς Ἀρτέμιδος λόγους πολὺ ἐνενόει.

---

[10] **ποῖ** *whither? to where? to what place?*

[11] **ἀποκτείνειεν** *would kill*

[12] **εἰ μή** *unless*

[13] **θυσίᾱν** *a sacrifice*

[14] **θῦσαι** *to sacrifice*

πολὺν γὰρ χρόνον περὶ τοῦδε ἐνενόει.

ἔπειτα δὲ τὴν θυγατέρα αὐτοῦ **ἐκάλεσεν.**[15]

ἡ θυγάτηρ· «χαῖρε, ὦ πάτερ. ἐκάλεσάς με;»

---

[15] **ἐκάλεσεν** *called, summoned*

ὁ δὲ πατήρ· «χαῖρε καὶ σύ, ὦ θύγατέρ μου. κάθισον ὑπὲρ **τὸν βωμὸν**[16] ὧδε . . .»

τῇ οὖν ὑστεραίᾳ ἔπνευσε ὁ ἄνεμος.

ἐπὶ τὴν Τροίᾱν σὺν Ἀχαιοῖς πολλοῖς ἔπλει ὁ Ἀγαμέμνων.

---

[16] **τὸν βωμὸν** *the altar*

Κεφάλαιον ς’

κόρη τῷ Ἀχιλλεῖ

ἐννέα οὖν ἔτη ὅ τε Ἀγαμέμνων καὶ οἱ Ἀχαιοὶ τοῖς Τρωσὶν ἐμάχοντο.

καθ’ ἡμέρᾱν[1] γὰρ οἱ Τρῶες ἀπὸ **τῶν τειχῶν**[2] τῆς Τροίᾱς **κατέβαινον**.[3]

καθ’ ἡμέρᾱν καὶ οἱ Ἀχαιοὶ ἀπὸ τῶν νεῶν κατέβαινον.

καθ’ ἡμέρᾱν ἐν μέσῳ τῶν τε τειχῶν καὶ τῶν νεῶν, ἐμάχοντο οἵ τε Ἀχαιοὶ καὶ οἱ Τρῶες.

κατὰ δὲ **ἡμέρᾱν**[4] τοῖς μὲν Ἀχαιοῖς ἥ τε Ἥρᾱ καὶ ἡ Ἀθηνᾶ ἐβοήθουν, τοῖς δὲ Τρωσὶν ἡ Ἀφροδίτη ἐβοήθει.

πρὸς δὲ **τούτοις**[5] καὶ τῷ Πάριδι ἐβοήθει ἡ Ἀφροδίτη.

---

[1] **καθ’ ἡμέρᾱν** *day by day (i.e., daily)*
[2] **τῶν τειχῶν** *the walls*
[3] **κατέβαινον** *(they) descended, came down*
[4] **κατὰ . . . ἡμέρᾱν** *day by day (i.e., daily)*
[5] **πρὸς . . . τούτοις** *in addition to this*

Ἕκτωρ, ἀδελφὸς τοῦ Πάριδος, ἦν ἀνδρειότατος τῶν Τρώων.

ἰδού, Ἕκτωρ!

τῶν δὲ Ἀχαιῶν ἀνδρειότατος ὁ Ἀχιλλεύς.

ἰδού, Ἀχιλλεύς.

ἄνθρωπος οὖν ἦν ὁ πατὴρ τοῦ Ἕκτορος . . .

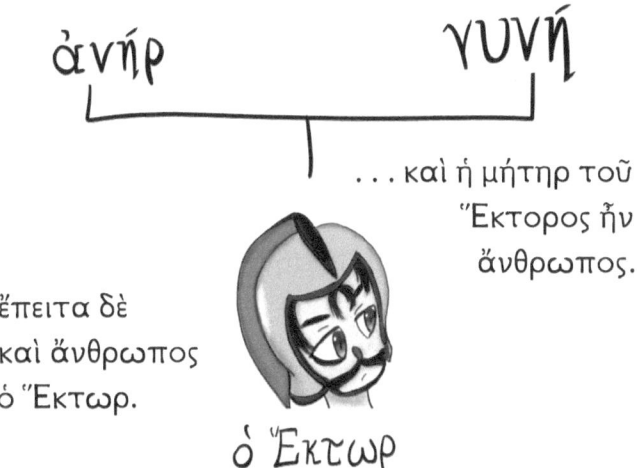

ἀνήρ   γυνή

. . . καὶ ἡ μήτηρ τοῦ
Ἕκτορος ἦν
ἄνθρωπος.

ἔπειτα δὲ
καὶ ἄνθρωπος
ὁ Ἕκτωρ.

ὁ Ἕκτωρ

ἄνθρωπος μὲν ὁ πατὴρ τοῦ Ἀχιλλέως . . .

ἀνήρ   θεά

. . . ἡ δὲ μήτηρ τοῦ
Ἀχιλλέως ἦν
θεά.

ὁ οὖν
Ἀχιλλεὺς
ἦν **ἥρως**.[6]

ὁ Ἀχιλλεύς

---

[6] **ἥρως** *a demigod, hero*

νῦν δέ, ὁ ἥρως ὁ Ἀχιλλεὺς εἶχεν **κόρην**.[7] τὸ οὖν ὄνομα τῆς κόρης Βρῑσηὶς ἦν.

ὁ δὲ Ἀχιλλεὺς **περὶ πλείστου** τὴν Βρῑσηίδα **ἐποιεῖτο**.[8] ἡ δὲ Βρῑσηίς ἦν καλὴ ὡς θεά.

τῷ μὲν οὖν **ἔτει τοῦ πολέμου τῷ δεκάτῳ**[9] ὁ Ἀγαμέμνων τὴν Βρῑσηίδα καλὴν ἀπὸ τοῦ Ἀχιλλέως ἀφείλετο.

ὁ δὲ ὠργίζετο.

ὁ Ἀγαμέμνων· «βασιλεύς εἰμι ἐγώ. καὶ τὴν Βρῑσηίδα ἐβουλόμην **σχεῖν**.[10] νῦν δὲ ἐγὼ αὐτὴν ἔχω.»

ὁ Ἀχιλλεύς· «σὺ δὲ βασιλεὺς κακὸς εἶ. **ἀπόδος**[11] οὖν αὐτὴν ἐμοί γε.»

ὁ Ἀγαμέμνων· «ἆ ἆ ἆ! οὐδαμῶς. οὐ μὲν γὰρ σὺ εἶ ὁ ἐμὸς βασιλεύς, ἐγὼ δὲ βασιλεύς εἰμι.»

---

[7] **κόρην** *young woman*

[8] **περὶ πλείστου . . . ἐποιεῖτο** *he greatly valued*

[9] **τῷ . . . ἔτει τοῦ πολέμου τῷ δεκάτῳ** *in the tenth year of the war*

[10] **σχεῖν** *to have, acquire*

[11] **ἀπόδος** *give back! return!*

ὁ Ἀχιλλεύς· «εἰ μὴ ἀποδώσεις σὺ τὴν Βρῑσηίδα ἐμοί, ἐγὼ τοῖς Τρωσὶν οὐκ μαχοῦμαι. ἀπόδος οὖν τὴν Βρῑσηίδα ἤδη. ἀπόδος τὴν Βρῑσηίδα ἤδη γε.»

ὁ Ἀγαμέμνων· «οὐδαμῶς, ὦ Ἀχιλλεῦ. ἐμοι[12] γάρ ἐστι ἡ Βρῑσηίς.»

---

[12] ἐμοι *to me (i.e., mine)*

ὁ οὖν Ἀχιλλεὺς εἰσέβη εἰς τὴν ναῦν. ἐν τῇ νηΐ, ὀργίλως εἶχεν.

❊

ἐν δὲ τούτῳ, καὶ ἡ τοῦ Ἀχιλλέως μήτηρ ὀργίλως εἶχεν, ἐπὶ τῷ Ὀλύμπῳ.

ἰδού, ἡ μήτηρ τοῦ Ἀχιλλέως!

θεὰ ἦν ἡ μήτηρ τοῦ Ἀχιλλέως. ἡ οὖν μήτηρ παρὰ τὸν Δία ἦλθεν.

ἡ τοῦ Ἀχιλλέως μήτηρ· «ὦ Ζεῦ, ἄναξ τῶν θεῶν! παρὰ τοῦ Ἀχιλλέως τὴν Βρῑσηΐδα ἀφείλετο ὁ Ἀγαμέμνων. τὴν Βρῑσηΐδα ὁ Ἀγαμέμνων ἀφείλετο παρὰ τοῦ ἐμοῦ υἱοῦ!

κόλασον[13] οὖν τὸν Ἀγαμέμνονα.»

ὁ Ζεύς· «τί ποτε;[14] βασιλεὺς κακός ἐστιν ὁ Ἀγαμέμνων. δήπου κολάσω ἐγὼ τὸν Ἀγαμέμνονα.»

εὐθὺς οὖν ὁ Ζεῦς ἐβοήθησε τοῖς Τρωσίν.

---

[13] **κόλασον** *punish!*

[14] **τί ποτε**; *what!?!? what in the world?*

οἱ οὖν Τρῶες ἐξαίφνης ἤρξαντο ἀποκτείνειν πολλοὺς τῶν Ἀχαιῶν.

Κεφάλαιον ζʼ
Πάτροκλος

ὅ τε Ἀγαμέμνων καὶ οἱ Ἀχαιοί, **τοῦ Ἀχιλλέως ἀπόντος**,[1] ἐμάχοντο τοῖς Τρωσί καὶ τῷ Ἕκτορι.

ἐξαίφνης οἱ Τρῶες ᾔτησαν τὸν Ἕκτορα, λέγοντες, «ὦ Ἕκτορ, ποῦ ἐστιν Ἀχιλλεύς; οὐ γὰρ τὸν Ἀχιλλέᾱ ὁρῶμεν.»

ὁ οὖν Ἕκτωρ πρὸς τοὺς Ἀχαιοὺς πάντας ἔβλεπε, οὐδὲ τὸν Ἀχιλλέᾱ, ἄριστον τῶν Ἀχαιῶν ὄντα, εἶδεν.

ἐγέλᾱ οὖν ὁ Ἕκτωρ, «ἀ ἀ ἀ! οὐ γὰρ πάρεστιν ὁ Ἀχιλλεὺς σὺν τοῖς Ἀχαιοῖς. ἄπεστιν οὗτος.»

ἔπειτα δὲ ἐβόησε ὁ Ἕκτωρ, «ὦ Τρῶες, σὺν τοῖς Ἀχαιοῖς ὁ Ἀχιλλεὺς οὐκ ἔστιν!

---

[1] **τοῦ Ἀχιλλέως ἀπόντος** *since Achilles was absent*

«**προσβάλετε**,[2] προσβάλετε ἀνδρείως τοῖς Ἀχαιοῖς.»

αὐτὸς δ᾽ οὖν ἔδραμε ἐπὶ τοὺς Ἀχαιοὺς ὥστε πλείονας αὐτῶν ἀποκτείνειν. πλείονας τοὺς Ἀχαιοὺς ἀπέκτεινεν ὁ Ἕκτωρ. οὐδὲ **χαλεπὸν**[3] ἦν αὐτῷ. ὁ γὰρ Ἕκτωρ **δεινῶς**[4] ἀπέκτεινε τοὺς Ἀχαιούς, τοὺς μὲν μῑκρούς, τοὺς δὲ μεγάλους.

καὶ δὴ καὶ τὸν Ἕκτορα ἰδών, **Ἀχαιός τις**[5] ἐβόησε λέγων, «ὦ πρὸς θεῶν, **φεῖσαι!**[6] μὴ ἀποκτείνῃς με. μὴ ἀποκτ . . .»

ἀλλὰ καὶ αὐτὸν ἀπέκτεινεν ὁ Ἕκτωρ.

ἐν δὲ τούτῳ πρὸς τὸν Ἕκτορα ἔβλεπεν ὁ βασιλεὺς τῶν Ἀχαιῶν, ὁ Ἀγαμέμνων, ἔτι πολλοὺς Ἀχαιοὺς ἀποκτείνοντα. σφόδρα οὖν ἐφοβήθη.

ἐξαίφνης τοὺς Ἀχαιοὺς ἐκάλεσεν ὁ Ἀγαμέμνων, λέγων, «φύγετε! εἰς τὰς ναῦς! ὦ Ἀχαιοί, φύγετε δὴ εἰς τὰς ναῦς.»

---

[2] **προσβάλετε** *attack!*
[3] **χαλεπὸν** *hard, difficult*
[4] **δεινῶς** *dreadfully, violently*
[5] **Ἀχαιός τις** *a certain Greek (i.e., one of the Greeks)*
[6] **φεῖσαι** *have mercy! spare (me)!*

αὖθις οὖν ἐγέλησε ὁ Ἕκτωρ, «ἂ ἂ ἄ. **διώκετε,**[7]
ὦ Τρῶες, διώκετε τοὺς Ἀχαιοὺς φεύγοντας!
ἕπεσθέ μοι διώκοντι τοὺς Ἀχαιούς.»

---

[7] **διώκετε** *chase!*

μάλ᾽ αὐτίκα[8] ἐδίωκεν ὁ Ἕκτωρ τοὺς Ἀχαιοὺς πρὸς τὰς ναῦς φεύγοντας.

ἐγγὺς δὲ τῶν νεῶν **ἐδάκρῡε**[9] ὁ Ἀγαμέμνων.

τοὺς γὰρ Ἀχαιοὺς ἐκάλεσε, λέγων, «φύγετε, ὦ Ἀχαιοί, φύγετε δὴ εἰς ναῦς!»

πολλοὶ οὖν Ἀχαιοὶ εἰς ναῦς ἔφευγον.

αὖθις ἐβόησε ὁ Ἀγαμέμνων, «οἴκαδε! ταχέως ἀποπλεῖτε οἴκαδε!»

ἐξαίφνης δὲ ὁ Ἕκτωρ οὐκέτι ἐδίωκε αὐτούς.

ἀλλὰ τοὺς Τρῶας ἐκάλεσε ὁ Ἕκτωρ, «**παύετε**,[10] παύετε καὶ ἴδετε ἄνδρα τινὰ μέγαν.»

οἱ μὲν Τρῶες εἶδον ἄνδρα μέγαν, οἱ δὲ Ἀχαιοὶ εἶδον τὸν αὐτὸν ἄνδρα τὸν μέγαν.

πάντες οὖν τὸν μέγαν τὸν ἄνδρα εἶδον ἐκ νεὼς ἐκβαίνοντος.

---

[8] **μάλ᾽ αὐτίκα** *immediately*
[9] **ἐδάκρῡε** *was crying*
[10] **παύετε** *stop!*

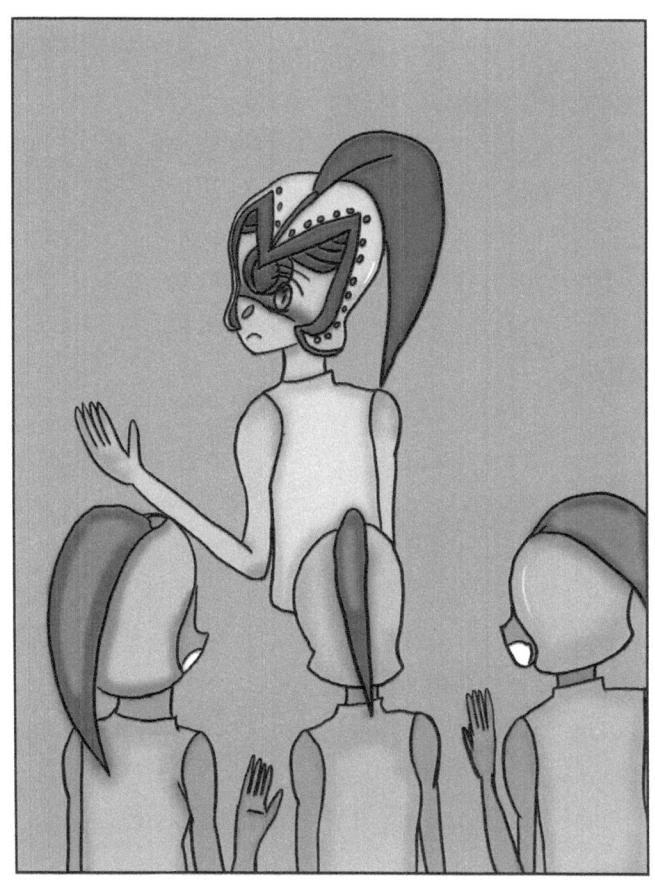

οἱ μὲν οὖν Τρῶες ἔλεγον βοῶντες, «ἔστιν ἡ **κόρυς**[11] τοῦ Ἀχιλλέως. ἔστιν Ἀχιλλεύς. φεῦ **φεῦ!**»[12]

οἱ δὲ Ἀχαιοὶ ἔλεγον καὶ βοῶντες, «ἰοῦ Ἀχιλλεύς, ἰοῦ Ἀχιλλεύς!»

[11] **κόρυς** *helmet*

[12] **φεῦ** *an exclamation of dismay (e.g., oh no!)*

ὁ μὲν οὖν Ἀχιλλεὺς ἐβόησε, «ὦ Ἀχαιοί! σήμερον πολλοὺς τῶν Τρώων ἀποκτενοῦμεν. πρὸς τούτοις, σήμερον δὴ τοὺς Τρῶας νῑκήσομεν!»

μάλ᾽ αὐτίκα οὖν ἀπέκτεινε πολλοὺς Τρῶας ὁ Ἀχιλλεύς. οἱ δὲ Ἀχαιοὶ καὶ πολλοὺς ἀπέκτανον.

ἐβόησαν δὲ οἱ Τρῶες, «αἴ! οὐκ ἔστιν ἄνθρωπος! ἔστιν ἥρως! τίς γὰρ ἥρωα ἀποκτεῖναι δύναται;»

δι᾽ ὀλίγου οὖν ἐβόησε ὁ Ἀχιλλεύς, «ὦ Ἕκτορ! ποῦ εἶ σύ, ὦ Ἕκτορ; ἐγὼ γάρ σε ἀποκτενῶ!»

ὁ δὲ Ἕκτωρ· «Ἀχιλλεῦ, μάχου μοι!»

ὁ δὲ Ἀχιλλεύς· «ἃ ἃ ἅ! **οὐ μόνον**[13] μαχοῦμαί σοι, ἀλλὰ καὶ ἀποκτενῶ.»

ἄκοντι[14] οὖν ἔβαλε ὁ Ἀχιλλεὺς τὸν Ἕκτορα ἵνα ἀποκτείνῃ αὐτόν. ὁ δὲ ἄκων οὐκ **ἔτυχε**[15]

---

[13] **οὐ μόνον** *not only*

[14] **ἄκοντι** *javelin;* **ἄκων**, *which is in the next line, is a different form of this word*

[15] **ἔτυχε** *hit*

τοῦ Ἕκτορος. τῆς δὲ **ἀσπίδος**[16] ἔτυχεν ὁ τοῦ Ἀχιλλέως ἄκων.

ἔπειτα δὲ ὁ Ἕκτωρ **δόρατι**[17] ἔτυψε τὸν Ἀχιλλέᾱ.

ὁ μὲν οὖν Ἕκτωρ ἐβόησε, λέγων, «αἴ!»

ὁ δὲ Ἀχιλλεὺς οὐκ ἐδύνατο βοᾶν. βοᾶν οὐκ ἐδύνατο ὅτι τὸ τοῦ Ἕκτορος **δόρυ**[18] ἐν τῷ σώματι ἦν αὐτοῦ.

ὁ γὰρ Ἀχιλλεύς, τεθνηκὼς πρὸς τὴν γῆν ἔπεσεν.

αὖθις οὖν ἐβόησεν ὁ Ἕκτωρ, «αἴ αἴ! ἔγωγε πολλοὺς τῶν ἀνθρώπων ἀπέκτονα. νῦν γε καὶ ἥρωα ἀπέκτονα!»

ᾔει οὖν πρὸς τὸ σῶμα τοῦ Ἀχιλλέως ὁ Ἕκτωρ.

οἵ τε Τρῶες καὶ οἱ Ἀχαιοὶ πάντες ἔβλεπον πρὸς τὸν Ἕκτορα.

---

[16] **ἀσπίδος** *shield*
[17] **δόρατι** *with a spear*
[18] **δόρυ** *spear*

τὴν κόρυθα τῷ Ἀχιλλεῖ **ἀνῆρε** . . .[19]

. . . ἀλλὰ οὐκ ἦν Ἀχιλλεύς.

---

[19] **ἀνῆρε** *removed*

Κεφάλαιον η'
ὄναρ τοῦ Ἀχιλλέως

ἐν νηῒ ὁ Ἀχιλλεὺς ἐκάθευδεν . . .

κατ' ὄναρ,[1] ὁ Ἀχιλλεὺς ἦν παῖς σὺν μητρί. ἡ δὲ μήτηρ τοῦ Ἀχιλλέως ἐδάκρυεν.

Ἀχιλλεὺς, παῖς ὤν· «μῆτερ, διὰ τί **δᾱκρύεις;»**[2]

ἡ μήτηρ· «ὦ φίλε παῖ, ἐγώ εἰμι θεά. **ἀθάνατος**[3] οὖν. ὁ δὲ πατήρ σού ἐστιν ἄνθρωπος. **θνητὸς**[4] οὖν ὁ σὸς πατήρ. ὡς ὁ πατήρ σου θνητός, καὶ σὺ θνητὸς εἶ.»

ἐξαίφνης ἡ μήτηρ τοῦ Ἀχιλλέως τι ηὗρεν. μάλ' αὐτίκα γὰρ **ἤγαγε**[5] τὸν Ἀχιλλέᾱ παῖδα εἰς **Ἅιδου.**[6]

---

[1] **κατ' ὄναρ** *in a dream*
[2] **δᾱκρύεις** *are you crying*
[3] **ἀθάνατος** *immortal*
[4] **θνητὸς** *mortal*
[5] **ἤγαγε** *led*
[6] **Ἅιδου** *Hades (i.e., the underworld)*

ἐν Ἅιδου δέ, ὁ μὲν Ἀχιλλεὺς παρ᾽ **ὄχθᾱς**[7] τοῦ ποταμοῦ, ἡ δὲ μήτηρ ἐγγὺς αὐτοῦ ἦν, καὶ παρ᾽ ὄχθᾱς τοῦ ποταμοῦ. τῷ δὲ ποταμῷ ὄνομα ἦν Στύξ.

ἡ μήτηρ· «ὦ Ἀχιλλεῦ, φίλε παῖ, τὸ ὕδωρ τοῦ ποταμοῦ τῆς Στυγός ἐστιν **φάρμακον**.[8] ἰδού!»

ἐξαίφνης, ἐχομένη τῆς **πτέρνης**[9] τοῦ Ἀχιλλέως, αὐτὸν **ἔβαψε**[10] εἰς ὕδωρ τοῦ ποταμοῦ. τὸ οὖν ὕδωρ **ἐκεκύκλωτο**[11] τὸ σῶμα τὸ ὅλον, **πλὴν**[12] τῆς πτέρνης.

ἔπειτα δὲ ἡ μήτηρ ἦρεν τὸν Ἀχιλλέᾱ ἐκ τοῦ ὕδατος. πρὸς δὲ αὐτὴν ἔβλεψεν ὁ Ἀχιλλεύς.

ἡ μήτηρ· «νῦν δὲ δὴ οὐδεὶς δύναταί σε ἀποκτείνειν. φάρμακον γὰρ τὸ τῆς Στυγὸς ὕδωρ. τὸ γὰρ φάρμακον τοῦτο ἔσται ἀσπίς σοι.»

---

[7] **ὄχθᾱς** banks (of a river)

[8] **φάρμακον** magical, medicinal

[9] **πτέρνης** heel

[10] **ἔβαψε** dipped, immersed

[11] **ἐκεκύκλωτο** had surrounded

[12] **πλὴν** except

ἐχάρη οὖν ἡ μήτηρ.

καὶ Ἀχιλλεύς ἐχάρη.

τὸ γὰρ ὕδωρ ἦν ἐπὶ τῷ ὅλῳ σώματι . . .

. . . πλὴν τῆς πτέρνης.

⁎⁎

ἐξαίφνης δὲ, ἐν νηΐ, φωνὴν μεγάλην ἤκουσε ὁ Ἀχιλλεύς.

ἀνήρ τις· «Ἀχιλλεῦ, Ἀχιλλεῦ!»

ὁ Ἀχιλλεύς· «τί **γέγονεν**;»[13]

ἀνήρ τις· «ἴδε, τὸν Πάτροκλον.»

ἔπειτα δὲ τὸ σῶμα τοῦ Πατρόκλου εἶδεν τεθνηκότος.

ὁ Ἀχιλλεύς· «αἴ! ὦ φίλτατε ἀνδρῶν! τίς σε ἀπέκτονεν;»

ἀνήρ τις· «αὐτὸν ἀνδρείωτατα μαχόμενον καὶ πολλοὺς τῶν Τρώων ἀποκτείνοντα τύψας ἀπέκτονε ὁ τῶν Τρώων ἀνδρειότατος, ἀδελφὸς τοῦ Πάριδος, Ἕκτωρ.»

ὁ Ἀχιλλεὺς ἔτυψεν τὴν γῆν καὶ ἐβόησεν· «αἴ. οἴμοι δή. ὁ φίλος μου τέθνηκεν.»

πολὺν οὖν χρόνον ἐδάκρυε ὁ Ἀχιλλεύς.

---

[13] **γέγονεν** *has become (i.e., what happened?)*

μετὰ μίαν ὥρᾱν, εἰς ναῦν εἰσέβη.

ὁ δὲ Ἀγαμέμνων τῷ Ἀχιλλεῖ εἶπεν· «ὦ Ἀχιλλεῦ, βούλομαί σε μάχεσθαι τοῖς Τρωσίν. ἐγὼ δὲ ἀποδώσω σοι τὴν Βρῑσηίδα.»

ἡ δὲ Βρῑσηὶς ἦλθεν παρὰ τὸν Ἀχιλλέᾱ.

ὁ δὲ Ἀχιλλεὺς πρὸς τὸν Ἀγαμέμνονα ἔβλεψεν.

ἔμεινε[14] γὰρ ὁ Ἀγαμέμνων τὸν λόγον τοῦ Ἀχιλλέως. ἀλλὰ οὐκ εἶπεν οὐδέν. τέλος δὲ ὁ Ἀγαμέμνων ἐκ τῆς τοῦ Ἀχιλλέως νεὼς ἐξέβη.

---

[14] **ἔμεινε** *waited for*

ὁ οὖν Ἀχιλλεὺς ἐφίλησε τὴν Βρῑσηίδα.

Βρῑσηίς· «τί σοι τὸ πρᾶγμα;»[15]

διὰ πολλοῦ οὐκ ἔλεγεν ὁ Ἀχιλλεὺς οὐδέν. τέλος δὲ ἀπεκρίνατο λέγων, «τὸν Πάτροκλον ἀπέκτονεν ὁ Ἕκτωρ.»

Βρῑσηίς· «αἴ! τὸν Πάτροκλον!»

ὁ Ἀχιλλεύς· «ἔγωγε οὖν τὸν Ἕκτορα ἀποκτενῶ. ἔρρωσο,[16] ὦ κόρη.»

τοῦτο εἰπών, ἐκ τῆς νεὼς ταχέως ἔδραμεν.

---

[15] **τί σοι τὸ πρᾶγμα;** *what's wrong? what's the matter?*
[16] **ἔρρωσο** *goodbye*

Κεφάλαιον θ'
ἡ μῆνις τοῦ Ἀχιλλέως

μεγάλη ἦν ἡ **μῆνις**[1] τοῦ Ἀχιλλέως.

ηὗρεν ὁ Ἀχιλλεὺς τὸν Ἕκτορα μόνον, ἐγγὺς τῶν τειχῶν τῆς Τροίας.

ὁ μὲν οὖν Ἀχιλλεὺς ἐκάλεσε τὸν Ἕκτορα, «ὦ Ἕκτορ. φίλος ἐμοὶ ἦν ὁ Πάτροκλος. μάχου μοι!»

ὁ δὲ Ἕκτωρ **ἑαυτῷ**[2] εἶπεν, «ἄνθρωπός εἰμι. ἥρως δὲ ὁ Ἀχιλλεύς.»

φόβος γὰρ κατεῖχεν τὸν Ἕκτορα.

φοβηθεὶς ὁ Ἕκτωρ ἀπὸ τοῦ Ἀχιλλέως ἀπέφευγεν.

τρὶς[3] οὖν ὁ Ἕκτωρ ἀπὸ τοῦ Ἀχιλλέως περὶ τὰ τείχη τῆς Τροίας ἔδραμεν.

---

[1] **μῆνις** *wrath, rage*
[2] **ἑαυτῷ** *to himself*
[3] **τρὶς** *three times*

καὶ δὴ καὶ τρὶς ὁ Ἀχιλλεὺς ἐδίωξεν αὐτόν.

ἔπειτα δὲ τὸν Πάριδα εἶδεν ὁ Ἕκτωρ ἔξω τῶν τειχῶν ὄντα.

ὁ Πάρις λέγει, «χαῖρε, ὦ ἀδελφέ. διὰ τί φεύγεις ἀπὸ τοῦ Ἀχιλλέως; ἐγὼ δὲ τῷ Ἀχιλλεῖ μαχοῦμαι.»

οἱ τοῦ Πάριδος λόγοι **ἐθάρρῡναν**[4] τὸν Ἕκτορα.

ὁ οὖν Ἕκτωρ **ἐτρέπετο**[5] ἵνα τὸν Ἀχιλλέᾱ ἴδοι.[6]

---

[4] **ἐθάρρῡναν** encouraged, heartened
[5] **ἐτρέπετο** was turning
[6] **ἴδοι** see

ὁ Ἕκτωρ· «ὦ Ἀχιλλεῦ! ἐγώ σοι μαχοῦμαι. ἀλλὰ τὸ πρῶτον, δεῖ ἡμᾶς **ὅρκον ὀμνύναι ἀλλήλοις**,[7] σοὶ καὶ ἐμοί. σὲ μὲν γὰρ ἀποκτενῶ ἐγώ, τὸ σὸν σῶμα τοῖς Ἀχαιοῖς ἀποδώσω. εἰ δὲ μή, καί με ἀποκτείνῃς σύ γε, τὸ ἐμὸν σῶμα τοῖς τε Τρωσὶν ἀποδώσεις καὶ τῷ πατρί μου.

μεγάλη δὲ ἡ μῆνις τοῦ Ἀχιλλέως.

ὁ δὲ Ἀχιλλεὺς εἶπεν, **γελῶν**,[8] «ἆ ἆ ἆ, οὕτως **ἄφρων**[9] εἶ, ὦ Ἕκτορ. **ὅρκον**[10] γὰρ οἱ **λέοντες**[11] καὶ οἱ ἄνθρωποι **οὐκ ὀμνύᾱσιν**·[12] οἱ δὲ **λύκοι**[13] καὶ οἱ **ἄρνες**[14] **σπονδὰς οὐ ποιοῦνται**.[15] ὁ γὰρ λύκος οὕτως μῑσεῖ τὸν ἀρνὸν, ὡς καὶ ἐγώ σε.»

ἐξαίφνης οὖν ἄκοντα ἔβαλε ὁ Ἀχιλλεὺς ἐπὶ τὸν Ἕκτορα.

---

[7] **ὅρκον ὀμνύναι ἀλλήλοις** *swear an oath to each other*

[8] **γελῶν** *(while) laughing*

[9] **ἄφρων** *foolish*

[10] **ὅρκον** *oath, agreement*

[11] **λέοντες** *lions*

[12] **οὐκ ὀμνύᾱσιν** *(they) don't swear*

[13] **λύκοι** *wolves*

[14] **ἄρνες** *lambs*

[15] **σπονδὰς οὐ ποιοῦνται** *(they) don't make peace treaties*

ὁ δὲ ἐξέφῡγε.

ὁ οὖν ἄκων τὴν γῆν ἔτυψεν.

Πάρις· «νῦν δή, ὦ ἀδελφέ μου! βάλε τὸν σὸν ἄκοντα!»

Ἕκτωρ· «ἀληθῶς γε, ὦ ἀδελφέ!»

ἔβαλεν οὖν ὁ Ἕκτωρ τὸν ἄκοντα αὐτοῦ.

εὐθὺ[16] ὁ ἄκων βέβληται. τὴν ἀσπίδα τοῦ Ἀχιλλέως ἔτυψεν ὁ ἄκων.

ἔπειτα δὲ τῷ Πάριδι εἶπεν ὁ Ἕκτωρ, «ὦ ἀδελφέ μου, δός μοι τὸ **δόρυ**[17] σου.»

ὁ δὲ Πάρις οὐδὲν ἀπεκρίνατο.

ἦν **σῑγή**.[18]

μακρὰ ἦν ἡ σῑγή.

ὁ Ἕκτωρ· «Πάρι; ἀδελφέ;»

---

[16] **εὐθὺ** in a straight line (i.e., toward the target)
[17] **δόρυ** spear
[18] **σῑγή** silence

ἐξαίφνης δὲ ὁ Πάρις εἶδος ἀλλάσσεται . . .[19]

. . . εἰς θεὰν τὴν Ἀθηνᾶν.

μεγάλη ἦν ἡ μῆνις τῆς Ἀθηνᾶς.

---

[19] **εἶδος ἀλλάσσεται** *changed his appearance*

ἡ Ἀθηνᾶ· «ἆ ἆ ἅ. ἄφρων εἶ, ὦ Ἕκτορ. ἐν γὰρ τῇ πόλει τῇ Τροίᾳ ἐστὶν ὁ Πάρις. μόνος εἶ σύ, ἔξω τῆς Τροίας.»

μάλ' αὐτίκα ἡ Ἀθηνᾶ ὅρμαται πρὸς τὸν Ἀχιλλέα. ἔπειτα δὲ τῷ Ἀχιλλεῖ τὸ δόρυ αὐτῆς ἔδωκεν.

ὅ τε Ἀχιλλεὺς καὶ ἡ Ἀθηνᾶ κατεγέλων τοῦ Ἕκτορος. μεγάλη γὰρ ἡ μῆνις τῆς τε Ἀθηνᾶς καὶ τοῦ Ἀχιλλέως.

ἔπειτα δὲ φέρων τὸ τῆς Ἀθηνᾶς δόρυ ἐπὶ τὸν Ἕκτορα ὡρμήσατο ὁ Ἀχιλλεύς.

ὁ δὲ Ἕκτωρ οὐκέτι ἄκοντα εἶχεν, οὐδὲ δόρυ. μόνον δὲ **ξίφος**[20] εἶχεν. ὁ οὖν Ἕκτωρ, μόνος ἔξω τῶν τῆς Τροίας τειχῶν, ἔλαβεν τὸ ξίφος. ἔπειτα δὲ αὐτὸς ὁ Ἕκτωρ ἐπὶ τὸν Ἀχιλλέᾶ ὡρμήσατο.

ὁ οὖν Ἕκτωρ τῷ Ἀχιλλεῖ ἀνδρείως ἐμαχέσατο. ἀλλὰ ἡ μῆνις τοῦ Ἀχιλλέως ἰσχῡροτέρᾱ ἦν ἢ τὸ ξίφος τοῦ Ἕκτορος. δι' ὀλίγου οὖν τὸν Ἕκτορα δόρατι ἀπέκτεινε.

ἔπειτα δὲ τὸ δόρυ ὁ Ἀχιλλεὺς ἀπέδωκε τῇ Ἀθηνᾶ.

Ἀχιλλεύς· «χάριν σοι, ὦ θεὰ Ἀθηνά.»

Ἀθηνᾶ· «**ἀσμένως**,[21] ὦ Ἀχιλλεῦ.»

---

[20] **ξίφος** *sword*
[21] **ἀσμένως** *gladly*

ὁ μὲν οὖν Ἀχιλλεὺς πρὸς τὸ **ἅρμα**[22] αὐτοῦ ἔδραμεν. ἔπειτα δὲ, τὸ ἅρμα ἄγων, τὸ σῶμα τοῦ Ἕκτορος **ἔσπασε.**[23] περὶ τὰ τείχη τῆς Τροίας τὸ σῶμα τοῦ τεθνηκότος ἔσπασε τοῦ Ἕκτορος.

ἡ δὲ μήτηρ τοῦ Ἕκτορος, ἰδοῦσα τὸ σῶμα, ἐβόησε λέγουσα, «ὦ **ἀθάνατοι**!»[24]

οὐδὲν δ' εἶπεν τοῦ Ἕκτορος ὁ πατὴρ ὁ Πρίαμος.

ὁ δὲ Ἀχιλλεὺς τὸ σῶμα τοῦ Ἕκτορος οὐκ ἀπέδωκεν τοῖς Τρωσίν. πρὸς γὰρ τὰς ναῦς ἔσπασε τὸ σῶμα ἵνα δοίη αὐτὸ **τοῖς κυσὶν**[25] βρώματος ἕνεκα.

μεγάλη ἦν ἡ μῆνις τοῦ Ἀχιλλέως.

---

[22] **ἅρμα** *chariot*
[23] **ἔσπασε** *dragged*
[24] **ἀθάνατοι** *immortal (gods)!*
[25] **τοῖς κυσὶν** *to the dogs*

Κεφάλαιον ι'

ἡ πτέρνα τοῦ Ἀχιλλέως

τῇ δὲ ὑστεραίᾳ[1] πάντες οἱ Ἀχαιοὶ ἐν μέσῳ τῶν νεῶν καὶ τῶν τειχῶν ἐμάχοντο τοῖς Τρωσίν. τοῦ δὲ Ἕκτορος ἀπόντος, πολλοὶ ὑπὸ τοῦ τε Ἀχιλλέως καὶ τῶν Ἀχαιῶν ἀπέθανον.

ὁ γὰρ Ἀχιλλεὺς δεινῶς[2] πολλοὺς τῶν Τρώων ἀπέκτεινεν. καὶ μῑκροὺς τοὺς Τρῶας ἀπέκτεινεν. καὶ μεγάλους τοὺς Τρῶας ἀπέκτεινεν.

ὁ οὖν φόβος κατέσχεν τοὺς Τρῶας. οἱ οὖν Τρῶες εἰς τὸ ἄστυ ταχέως ἔφῡγον. ἔπειτα δὲ ἐπὶ τοῖς τείχεσι ἔστασαν[3] ἵνα ἴδοιεν[4] τοὺς Ἀχαιούς.

ὁ δὲ Ἀχιλλεύς, τοὺς Τρῶας ἐπὶ τοῖς τείχεσι ἑστῶτας ἰδών, πρὸς τὰς πύλᾱς[5] τῆς Τροίᾱς ᾔει.

---

[1] τῇ δὲ ὑστεραίᾳ *on the next day*
[2] δεινῶς *dreadfully, violently*
[3] ἔστασαν *were standing*
[4] ἴδοιεν *see*
[5] πύλᾱς *gates*

ἐβόησεν οὖν ὁ Ἀχιλλεύς, εἰπών, «τέθνηκεν ὁ Ἕκτωρ. τίς δ' οὖν με ἀποκτείνειν δύναται; οὐδείς γε. οὐδεὶς γὰρ δύναται ἀποκτείνειν ἐμέ. νῦν δὲ δὴ ὑμᾶς ἀποκτενῶ ἔγωγε.»

μάλ' αὐτίκα τὰς τῆς Τροίας πύλας ἔτυψεν.

ὁ δὲ Πάρις, τοὺς τοῦ Ἀχιλλέως λόγους ἀκούσᾱς, σφόδρα ὠργίζετο.

πολλοὶ μὲν οὖν **τοξόται**[6] ἐπὶ τοῖς τείχεσι ἔστασαν σὺν τῷ Πάριδι.

ὁ δὲ Πάρις ἐκέλευσεν τοὺς τοξότᾱς **τοξεύειν κατὰ τοῦ Ἀχιλλέως.**[7]

πολλὰ οὖν τοξεύματα ἔτυψε τὸν Ἀχιλλέᾱ . . .

. . . τὸ δὲ σῶμα τοῦ Ἀχιλλέως **οὐ τέτρωται.**[8]

[6] **τοξόται** *archers*

[7] **τοξεύειν κατὰ τοῦ Ἀχιλλέως** *to shoot (arrows) against Achilles*

[8] **οὐ τέτρωται** *was not wounded*

κατεγέλᾱ οὖν ὁ Ἀχιλλεὺς τῶν Τρώων, λέγων, «ἆ ἆ ἆ. οὐδὲν τόξευμά με ἀποκτείνειν δύναται. ἡ γὰρ μήτηρ εἰς τὸ ὕδωρ τῆς Στυγός με ἔβαψε.»

ἔπειτα δὲ αὖθις ἔτυψεν τὰς πύλᾱς τῆς Τροίᾱς. ὁ δὲ Πάρις αὖθις ἐκέλευσε τοὺς τοξότᾱς τοξεύειν κατὰ τοῦ Ἀχιλλέως. ἀλλ' αὖθις τὸ σῶμα αὐτοῦ οὐδαμῶς τέτρωται.

ὁ δὲ Ἀχιλλεὺς κατεγέλᾱ αὖθις τῶν Τρώων, βοῶν, «ἃ ἃ ἅ. ἄφρονές ἐστε, ὦ Τρῶες. οὐδεὶς γὰρ δύναταί με ἀποκτείνειν. ἐγὼ δὲ δύναμαι ὑμᾶς ἀποκτείνειν. ὑμᾶς οὖν, τάς τε γυναῖκας, τά τε ὑμέτερα παιδία ἀποκτενῶ ἐγώ. πρὸς δὲ τούτοις, **τῇδε τῇ νυκτί**,[9] οἱ κύνες **ἔδονται**[10] τὰ ὑμέτερα σώματα.»

αὖθις οὖν ἔτυψεν τὰς τῆς Τροίᾱς πύλᾱς ὁ Ἀχιλλεύς. αἱ δὲ πύλαι ἤρχοντο **διαλύεσθαι.**[11]

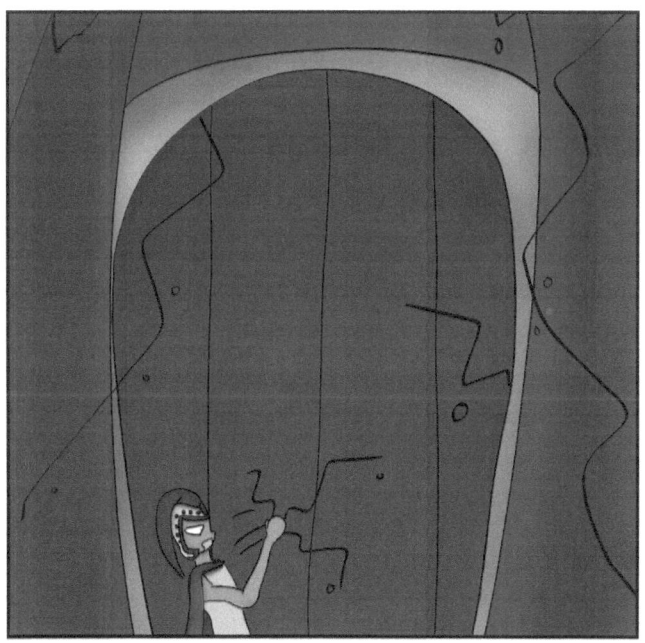

[9] **τῇδε τῇ νυκτί** *tonight*
[10] **ἔδονται** *will eat*
[11] **διαλύεσθαι** *to fall apart*

ὁ δὲ Πάρις αὖθις τοὺς τοξότᾱς ἐκέλευσε τοῦ Ἀχιλλέως τοξεύειν. καὶ αὐτὸς ὁ Πάρις ἕν τόξευμα ἐτόξευσε τοῦ Ἀχιλλέως. οὐδὲν τῶν τοξευμάτων ἔτυψεν τὸν Ἀχιλλέᾱ ...

ὁ γὰρ **Ἀπόλλων ηὔθῡνε**[12]
τὸ τόξευμα τοῦ Πάριδος.

... πλὴν τοῦ τοξεύματος τοῦ Πάριδος.

Ἀχιλλεύς· «εἴ εἴ! τί; εἴ! τί γέγονεν; πῶς τόξευμα τὴν πτέρνην μου ἔτυψεν;»

τετρωμένος[13] οὖν τὴν πτέρνην ὁ Ἀχιλλεὺς ἤρξατο φεύγειν ἀπὸ τῶν τῆς Τροίᾱς πυλῶν. ἐξαίφνης δὲ ἔπεσεν ὁ Ἀχιλλεὺς πρὸς τὴν γῆν. ἐν γὰρ τῷ τοξεύματι ἦν †ός.[14]

ἐβόᾱ οὖν ὁ Ἀχιλλεὺς λέγων, «ὦ Πάρι, **δειλέ!**[15] ἀποκτενῶ σε.»

---

[12] **Ἀπόλλων ηὔθῡνε** *Apollo guided (the arrow)*
[13] **τετρωμένος** *wounded*
[14] **†ός** *poison*
[15] **δειλέ** *coward!*

ἀλλὰ ὁ ἰὸς ἀπέκτεινε τὸν Ἀχιλλέᾱ. ἀπέθανεν γάρ.

πάντες οὖν πρὸς τὸν Ἀχιλλέᾱ διὰ πολλοῦ ἔβλεπεν τεθνηκότα. ἔπειτα δὲ οἱ μὲν Τρῶες ἔχαιρον, οἱ δὲ Ἀχαιοὶ ἐφοβοῦντο.

τῶν δὲ Ἀχαιῶν τις ἐβόησε, «οἴμοι, πῶς δυνάμεθα τοὺς Τρῶας **νῑκᾶν**[16] ἡμεῖς ἄνευ τοῦ Ἀχιλλέως ὄντες. φεῦ! φεῦ τῆς τύχης!»

μάλ᾽ αὐτίκα οὖν οἱ Ἀχαιοὶ πάντες πρὸς τὰς ναῦς τρέχοντες ἔφῡγον ἀπὸ τῶν τειχῶν τῆς Τροίας.

ἐκείνης τῆς νυκτός, ἐν νηΐ τινι σὺν τῷ Ἀγαμέμνονι, ἦν ἀνήρ τις, ὀνόματι Ὀδυσσεύς. ἦν δὲ αὐτὸς **σοφώτατος**[17] τῶν Ἀχαιῶν.

---

[16] **νῑκᾶν** *to defeat, conquer*
[17] **σοφώτατος** *wisest, cleverest*

Ἀγαμέμνων· «φεῦ. ὁ Ἀχιλλεὺς τέθνηκεν. ἄνευ τοῦ Ἀχιλλέως οὐδαμῶς ἡμεῖς τοὺς Τρῶας νῑκᾶν δυνάμεθα.»

ὁ δὲ Ὀδυσσεύς· «ἴσως ἐστὶν ὡς εἶπες, ὦ βασιλεῦ . . . ἀλλὰ βουλή μοί ἐστιν.»

Κεφάλαιον ια΄
ὁ ξύλινος ἵππος

τῇ δὲ ὑστεραίᾳ πάντες οἱ Τρῶες ἀπὸ τῶν τειχῶν πρὸς τὰς ναῦς ταχέως ἔτρεχον ἵνα **νῑκήσαιεν**[1] τοὺς Ἀχαιούς.

αἱ δὲ νῆες τῶν Ἀχαιῶν **ἀπῆσαν**.[2]

καὶ οἱ Ἀχαιοὶ ἀπῆσαν.

οὐκ ἦσαν νῆες ἐν τῷ **αἰγιαλῷ**.[3]

ἀλλ᾽ ἰδού! ἐν γὰρ τῷ αἰγιαλῷ ἦν **μέγιστος ξύλινος ἵππος**.[4] ὁ οὖν ἵππος ὁ ξύλινος ἦν μείζων ἢ τέσσαρες νῆες.

ἐθαύμαζον[5] οὖν οἱ Τρῶες.

ὑπὸ δὲ τῷ ἵππῳ ἦν Ἀχαιός τις . . .

---

[1] **νῑκήσαιεν** *defeat, conquer*
[2] **ἀπῆσαν** *were gone*
[3] **αἰγιαλῷ** *shore, beach*
[4] **μέγιστος ξύλινος ἵππος** *a huge wooden horse*
[5] **ἐθαύμαζον** *they marvelled, were amazed*

. . . καὶ ὁ Ἀχαιὸς **ἐδάκρῡεν.**[6]

ὁ οὖν **Πρίαμος**, βασιλεὺς τῶν **Τρώων**, ἤρετο τοῦτον τὸν Ἀχαιόν λέγων, «τί ὄνομά σοι;»

---

[6] **ἐδάκρῡεν** *was crying*

ὁ δὲ Ἀχαιός· «μὴ ἀποκτείνῃς με. **καίπερ**[7] Ἀχαιὸν ὄντα, οἱ ἄλλοι ἐβουλήθησαν με **θῦσαι**[8] ἀνέμου ἕνεκα. ἐγὼ δ᾽ οὖν ἀπέφῡγον ἀπὸ τῶν Ἀχαιῶν. **χθὲς**[9] μὲν ἔφῡγον οἱ Ἀχαιοὶ ἀπὸ τῆς Τροίᾱς, **μένω**[10] δὲ ἔγωγε ἐν τῷ αἰγιαλῷ.»

ἔπειτα δὲ αὖθις ὁ **τάλᾱς**[11] Ἀχαιὸς ἐδάκρῡεν.

ὁ δὲ Πρίαμος εἶπεν αὐτῷ· «ὦ τάλᾱν. οὐκ ἐγώ σε ἀποκτενῶ. οὐκέτι εἶ Ἀχαιός. νῦν δὲ Τρώς γέγονας.»

ὁ μὲν Ἀχαιός· «ὦ βασιλεῦ! χάριν σοι. χάριν σοι μεγάλην οἶδα, ὦ βασιλεῦ!»

ὁ δὲ Πρίαμος· «ἀσμένως. ἀλλά, τί ὄνομά σοι;»

ὁ δὲ Ἀχαιός· «ὄνομά μοί ἐστιν Σίνων.»

ὁ δὲ Πρίαμος· «εἰπέ μοι, ὦ Σίνων, διὰ τί τὸν ἵππον τὸν ξύλινον ἐποίησαν οἱ Ἀχαιοί; τί ἐστιν;»

---

[7] **καίπερ** *although*

[8] **θῦσαι** *to sacrifice*

[9] **χθὲς** *yesterday*

[10] **μένω** *I am staying, remaining*

[11] **τάλᾱς** *unfortunate, unhappy*

ὁ δὲ Σίνων· «πάνυ γε, ὦ βασιλεῦ. ἡ δὲ Ἀθηνᾶ ὠργίζετο τῷ Ὀδυσσεῖ **εἰκόνα ἐκ τοῦ ἱεροῦ αὐτῆς**[12] κλέψοντι. αὕτη οὖν οὐκέτι ἐβοήθησε τοῖς Ἀχαιοῖς. ἄνευ τῆς βοηθείᾶς τῆς Ἀθηνᾶς, οἱ Ἀχαιοὶ οὐκ ἐδύναντο πλεῖν, ἀνέμου ἀπόντος. ὁ οὖν Ἀγαμέμνων ἐκέλευσε τοὺς Ἀχαιοὺς μέγιστον ξύλινον ἵππον ποιεῖν. θυσίᾱ γὰρ ὁ ἵππος ὁ ξύλινος. θυσίᾱ ἐστὶν τῇ Ἀθηνᾷ.»

ὁ δὲ Πρίαμος· «**συνίημι**.[13] χάριν σοι ἔχω, ὦ Σίνων. ἴσως οὖν τὸν ἵππον **ἀπολῶ**[14] τὸν ξύλινον.»

ὁ δὲ Σίνων· «οὐδαμῶς! οὐδαμῶς, ὦ βασιλεῦ! ἐὰν τὸν ξύλινον ἵππον ἀπολέσῃς σύ, ἡ δὲ Ἀθηνᾶ τὴν Τροίᾱν ἀπολεῖ. ἀλλ᾽ ἐὰν ἄγῃς τὸν ἵππον εἰς τὴν Τροίᾱν, γενήσῃ βασιλεὺς τῶν Τρώων καὶ τῶν Ἀχαιῶν. σοί γὰρ βοηθήσει ἡ Ἀθηνᾶ.»

περὶ τοῦ πρᾱγματος ἐνενόει ὁ Πρίαμος. πολὺν οὖν χρόνον ἐνενόει.

τέλος δὲ ἐβόησεν ὁ Πρίαμος· «ὦ Τρῶες,

---

[12] **εἰκόνα ἐκ τοῦ ἱεροῦ αὐτῆς** *a statue from her temple*

[13] **συνίημι** *I understand*

[14] **ἀπολῶ** *I will destroy*

ἄγετε τὸν ἵππον τὸν ξύλινον εἰς τὴν Τροίαν.»

ἐξαίφνης δὲ ἱερεύς[15] τις, ὀνόματι Λᾱοκόων, ἐβόησε λέγων, «οὐδαμῶς, ὦ βασιλεῦ! μὴ ἄγῃς τὸν ξύλινον ἵππον εἰς τὴν Τροίαν!»

ὁ δὲ Πρίαμος· «τί; διὰ τί οὔ;»

ὁ δὲ Λᾱοκόων· «διότι **ἄπιστοι**[16] οἱ Ἀχαιοί. ἄπιστος οὖν καὶ ὁ ἵππος. ἴσως πολλοὶ τῶν Ἀχαιῶν ἔτι καὶ νῦν ἐν τῷ ξυλίνῳ ἵππῳ ἔνεισιν.»

ὁ δὲ Πρίαμος· «πολλοὶ Ἀχαιοί; ἐν τῷ ἵππῳ; ὡς **ἄτοπον**!»[17]

ὁ δὲ Λᾱοκόων· «φοβητέος ὁ ἵππος ὁ ξύλινος! φοβητέοι οἱ λόγοι τοῦ Σίνωνος. Ἀχαιὸς γὰρ ὁ Σίνων. φοβοῦμαι Ἀχαιοὺς καὶ δῶρα φέροντας.»[18]

ταῦτα εἰπὼν ὁ Λᾱοκόων ἄκοντα ἔβαλεν εἰς τὸν ξύλινον ἵππον. ἔτυψεν οὖν ὁ ἄκων τὸν ἵππον τὸν ξύλινον.

---

[15] ἱερεύς *priest*

[16] **ἄπιστοι** *unfaithful*

[17] **ἄτοπον** *strange*

[18] A simplified Greek translation of *Aeneid* 2.49

μάλ' αὐτίκα δύο **ὄφεις**[19] μεγάλοι ἐκ τῆς θαλάσσης **εἶρπον**.[20] εἶρπον οἱ δύο ὄφεις ἐπὶ τὸν Λᾱοκόωντα. τὸν οὖν Λᾱοκόωντα ἀπέκτειναν. ἔπειτα δὲ ἀπῆλθον οἱ δύο ὄφεις ἕρποντες.

---

[19] **ὄφεις** *snakes*
[20] **εἶρπον** *they slithered (used of reptile movement)*

ἐθέᾱτο[21] ὁ Πρίαμος τοὺς ὄφεις τὸν Λᾱοκόωντα ἀποκτείνοντας.

ἔπειτα δὲ ἐβόησεν ὁ Πρίαμος, «**σημεῖόν**[22] ἐστιν. σημεῖον τῆς Ἀθηνᾶς. ὀρθῶς γὰρ εἶπεν ὁ Σίνων. ἄγετε δὴ εἰς τὴν Τροίᾱν τὸν ξύλινον ἵππον!»

ἐχάρησαν οὖν οἱ Τρῶες.

καὶ ἐβόων οἱ Τρῶες λέγοντες, «νενῑκήκαμεν, νενῑκήκαμεν! χαίρωμεν οὖν πάντες.» ταῦτα εἰπόντες ἐχάρησαν πάντες τῶν Τρώων . . .

. . . πλὴν τοῦ οἴκου τοῦ Λᾱοκόωντος.

[21] **ἐθέᾱτο** *watched*

[22] **σημεῖόν** *a sign (from the gods)*

Κεφάλαιον ιβ'
διεφθαρμένη ἡ Τροίᾱ

ἐκείνης τῆς νυκτός, ἐκάθευδον πάντες οἱ
Τρῶες . . .

πάντων τῶν Τρώων καθευδόντων, ὁ
Σίνων **λάθρᾳ**[1] πρὸς τὸν ξύλινον ἵππον
ἦλθεν. ἦν θύρᾱ ἐν τῷ ἵππῳ **κρυπτή**.[2] τὴν
δὲ θύρᾱν τὴν κρυπτὴν **ἀνέῳξεν**[3] ὁ Σίνων.

ἐξαίφνης οὖν εἴκοσιν Ἀχαιοὶ ἐκ τοῦ ἵππου
τοῦ ξυλίνου **ἐξεπήδων**.[4]

ὁ μὲν Ὀδυσσεύς ἔφη· «χάριν σοι οἶδα, ὦ
Σίνων. ποῦ εἰσιν αἱ πύλαι τῆς πόλεως τῆς
Τροίᾱς;»

---

[1] **λάθρᾳ** *in secret, secretly*
[2] **κρυπτή** *hidden*
[3] **ἀνέῳξεν** *opened*
[4] **ἐξεπήδων** *were jumping out of*

ὁ δὲ Σίνων ἀπεκρίνατο λέγων, «ἕπεσθέ μοι!»

δι᾽ ὀλίγου οὖν ἀνέῳξεν ὁ Ὀδυσσεὺς τὰς τῆς Τροίας πύλας. ἔμενον δὲ τὸν Ὀδυσσέα χίλιοί τε Ἀχαιοὶ καὶ ὁ Ἀγαμέμνων. μάλ᾽ αὐτίκα οἱ Ἀχαιοὶ ἔδραμον εἰς τὴν Τροίαν.

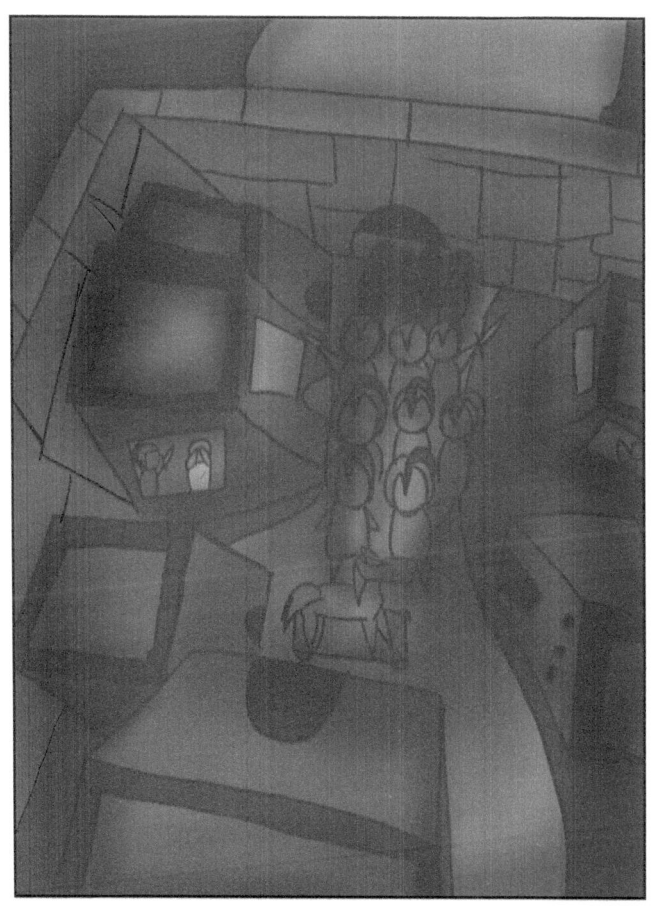

ἔπειτα δὲ **κατὰ τὴν πόλιν**[5] Τρῶας ἀπέκτεινον Ἀχαιοὶ **πανταχοῦ**[6] γε.

πῦρ τε πανταχοῦ. τὸ γὰρ πῦρ τὴν Τροίαν διέφθειρε.

τῶν οὖν Ἀχαιῶν ἀκούσαντες ὅ τε Πρίαμος καὶ ὁ Πάρις καὶ ἡ Ἑλένη ἔδραμον πρὸς τὸν τοῦ Διὸς **βωμόν**.[7]

ὁ οὖν Πρίαμος εὔχεται λέγων, «ὦ πάτερ Ζεῦ! βοήθει ἡμῖν»

ἐν δὲ τούτῳ ἐπὶ τοῦ ὄρους τοῦ Ὀλύμπου, ἡ Ἥρᾱ τῷ Διΐ εἶπεν, «ὦ φίλε ἄνερ μου, μὴ βοηθήσῃς τοῖς Τρωσίν. ἐγὼ γὰρ μᾶλλον βούλομαι τοὺς Ἀχαιοὺς διαφθεῖραι τὴν Τροίᾱν.»

ὁ δὲ Ζεὺς τῆς γυναικὸς ἤκουσε . . . οὐδὲ τοῦ Πριάμου.

---

[5] **κατὰ τὴν πόλιν** *throughout the city*

[6] **πανταχοῦ** *everywhere*

[7] **βωμόν** *altar*

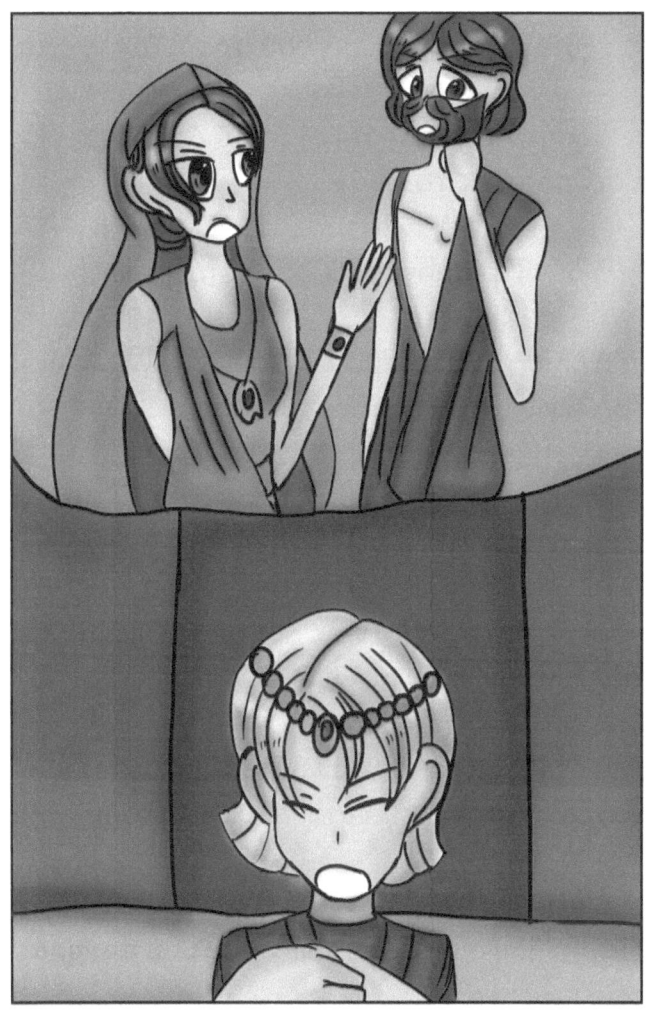

ὁ Πρίαμος· «ὦ πάτερ Ζεῦ! ἄκουέ μου!
βοήθησόν μοι καὶ τῇ Τροίᾳ!»

σῖγὴ ἦν. μακρὰ ἦν ἡ σῖγή. ὁ γὰρ Ζεὺς οὐδὲν
τῷ Πριάμῳ ἀπεκρίνατο.

ἐξαίφνης οὖν ἡ θύρᾱ **τοῦ ἱεροῦ**[8] ἀνοίγεται.

ὁ γὰρ Μενέλᾱος τε καὶ ὁ τοῦ Ἀχιλλέως υἱὸς εἰσέβησαν εἰς τὸ ἱερόν.

ὁ οὖν Πρίαμος ἐβόᾱ, «μὴ ἀποκτείνῃς!»

ἀλλὰ τὸν Πρίαμον ὁ τοῦ Ἀχιλλέως υἱὸς ἔβαλεν ἐπὶ τὸν βωμόν.

ἔπειτα δὲ ἐπὶ τοῦ βωμοῦ τὸν Πρίαμον ἀπέκτεινε ὁ τοῦ Ἀχιλλέως υἱος.

ἐν δὲ τούτῳ ὁ Μενέλᾱος τόν τε Πάριδα καὶ τὴν Ἑλένην ἰδὼν ὀργίζεται.

ὁ δὲ Πάρις, οὐκ ἔχων οὔτε δόρυ οὔτε ξίφος, ταχέως ἀποθνῄσκει ὑπὸ τοῦ Μενελάου.

ὁ μὲν οὖν Μενέλᾱος· «ἆ ἆ ἆ! τέθνηκε γὰρ ὁ Πάρις. ἤδη οὖν, ὦ Ἑλένη, γύναι μου **πονηρά**,[9] σὲ ἀποκτενῶ.»

ἀλλὰ τὸ τῆς Ἑλένης κάλλος ἰδὼν, **μετέγνω**.[10]

---

[8] **τοῦ ἱεροῦ** *of the temple*

[9] **πονηρά** *bad, evil*

[10] **μετέγνω** *he reconsidered, changed his intention*

τὴν οὖν Ἑλένην πρὸς τὰς ναῦς ἤγαγεν.

πολλοῦ οὖν χρόνου καὶ ἀπέκτεινον καὶ κατελάμβανον οἱ Ἀχαιοὶ πάντας τοὺς Τρῶας.

καὶ πολλοῦ χρόνου πῦρ τὴν Τροίαν διέφθειρεν.

τὸ δὲ πρωΐ[11] πάντες οἱ Τρῶες ἢ τεθνηκότες ἢ δοῦλοι[12] ἦσαν. νενίκηκε γὰρ ὁ Ἀγαμέμνων τὸν Πρίαμον, ἔτι καὶ τοὺς Τρῶας οἱ Ἀχαιοί. νενικημένοι μὲν οἱ Τρῶες, διεφθαρμένη δὲ ἡ Τροίᾱ.

μετὰ δέκα ἔτη, τετέλεσται ὁ πόλεμος.

---

[11] τὸ δὲ πρωΐ *in the morning*
[12] δοῦλοι *slaves*

ὁ Ἐπίλογος
Ὀδυσσεύς

ἰδού, Ὀδυσσεύς!

σοφώτατος τῶν Ἀχαιῶν ἦν ὁ Ὀδυσσεύς.

σοφώτατος ὢν τῶν Ἀχαιῶν, ἀνέῳξεν τὰς πύλᾱς τῆς Τροίᾱς. ἔπειτα δὲ οἱ Ἀχαιοὶ ἔτρεχον εἰς τὴν Τροίᾱν, καὶ οὕτως ἐνίκησαν τοὺς Τρῶας.

τετέλεσται ὁ πόλεμος.

οἱ οὖν Ἀχαιοὶ μάλα ἔχαιρον. τέλος δέ, μετὰ δέκα ἔτη, ἐδύναντο ἐπανιέναι οἴκαδε.

καὶ γὰρ ὁ Ὀδυσσεὺς μάλα ἔχαιρεν. μάλα γὰρ αὐτὸς ἐβούλετο οἴκαδε ἐπανιέναι.

ὁ οἶκος τοῦ Ὀδυσσέως ἦν ἡ Ἰθάκη. καὶ ἐν τῇ Ἰθάκῃ **μένει**[1] αὐτὸν ἡ γυνὴ αὐτοῦ, ὀνόματι Πηνελόπεια.

ἡ Πηνελόπειά ἐστιν γυνὴ καλὴ καὶ ἀγαθή. μένει γὰρ τὸν ἄνδρα. δέκα ἔτη ἤδη ἔμεινε αὐτόν.

ἀλλὰ οὐκ ἔχαιρον πάντες οἱ θεοί. οὐκ ἔχαιρεν ἡ Ἀθηνᾶ, οὐδὲ ὁ Ποσειδῶν. ὠργίζοντό τινες τῶν θεῶν. διὰ τί οὕτως ὀργίλως εἶχον; διότι πολλοὶ τῶν Ἀχαιῶν τὰ ἱερὰ διέφθειρον.

ᾔτησαν οὖν τὸν Δία, λέγοντες, «ὦ Ζεῦ, κρῖνον τοὺς Ἀχαιούς! τὰ γὰρ ἱερὰ ἡμῶν διαφθείρατε!»

---

[1] **μένει** is waiting (for)

ὁ δὲ Ζεὺς, ἀκούσᾱς αὐτῶν, ἔκρῑνε τοὺς Ἀχαιούς. **χειμῶνα**[2] οὖν μέγαν ἔπεμψε ἐπὶ τὰς ναῦς τῶν Ἀχαιῶν.

---

[2] **χειμῶνα** *a storm*

πολὺν οὖν χρόνον ἔτι **μενεῖ**[3] ἡ Πηνελόπεια τὸν ἄνδρα αὐτῆς . . .

---

[3] **μενεῖ** *will wait (for)*

τὸ Λεξικόν

In this vocabulary list I have listed every form as found in the text. I have glossed it for its appearance in this novella; thus, the given definitions do not represent a word's full lexical range. The list does not presume a knowledge of grammar, but neither does it explain the inflection of forms. Names in English are presented as their usual Anglicised versions. Imperatives are marked with an exclamation mark, vocative forms with a leading "o".

Punctuation

«	"
»	"
·	: *or* ;
;	?

Numbers

α'	one
β'	two
γ'	three
δ'	four
ε'	five
ϛ'	six
ζ'	seven
η'	eight
θ'	nine
ι'	ten
ια'	eleven
ιβ'	twelve

Α[1]

ἄ *ha! (laughter)*
α' *one*
ἀγαθή *good*
Ἀγαμέμνον *o Agamemnon!*
Ἀγαμέμνονα *Agamemnon*
Ἀγαμέμνονι *to Agamemnon; Agamemnon*
Ἀγαμέμνονος *Agamemnon's, of Agamemnon*
Ἀγαμέμνων *Agamemnon*
ἄγετε *lead!*
ἄγῃς *you lead*
ἄγων *leading*
ἀδελφέ *o brother!*
ἀδελφοί *brothers*
ἀδελφός *brother*

---

[1] Definitions are given according to a word's meaning in this book. For example, the form οὐρανοῦ is defined as "sky" because it only appears after a preposition: ἐκ τοῦ οὐρανοῦ ("out of the sky").

ἀθάνατοι immortals
ἀθάνατος immortal
Ἀθηνᾶ Athena
Ἀθηνᾶ Athena
Ἀθηνᾷ to Athena; for
  Athena
Ἀθηνᾶν Athena
Ἀθηνᾶς Athena's, of
  Athena; Athena
αἱ the
αἴ ai! (expresses
  astonishment or grief)
αἰγιαλῷ shore, beach
Ἀΐδου Hades
ἄκοντα javelin
  οὐκέτι ἄκοντα εἶχεν no
    longer had a javelin
ἄκοντι javelin
ἄκουέ listen to! hear!
  ἄκουέ μου! listen to me!
    hear me!
ἀκούσαντες hearing
ἀκούσᾱς listening to,
  hearing
ἄκων javelin
  ὁ ἄκων βέβληται the
    javelin was thrown
ἀληθῆ true
ἀληθῶς truly
  ἀληθῶς γε truly, certainly
ἀλλ' but
ἀλλά but
ἀλλάσσεται it is changed

εἶδος ἀλλάσσεται his
  appearance is changed
  (i.e., he changed his
  appearance)
ἀλλήλοις to each other
ἄλλοι others
ἀλλούς others
ἄν (modal particle
  expressing unreality)
  ἐμίσουν ἄν they would
    hate
ἄναξ lord
ἄνδρα man; husband
  ἄνδρα τινὰ μέγαν a
    certain large man (i.e.,
    that large man)
ἀνδρειότατος bravest
ἀνδρείως bravely
ἀνδρείωτατα most bravely
ἀνδρός man
ἀνδρῶν men, of men
ἄνεμος wind
ἀνέμου of wind
  ἀνέμου ἀπόντος since the
    wind was absent
  ἀνέμου ἕνεκα for the sake
    of wind
ἄνερ o man!
ἄνευ without
ἀνέῳξεν opened
ἀνήρ man
ἀνῆρε lifted up, removed
ἄνθρωποι people, humans
ἄνθρωπος a person,
  human

ἀνθρώπων *of the people, humans*
ἀνοίγεται *opens*
ἀπέδωκε *gave back, returned*
ἀπέδωκεν *gave back, returned*
ἀπέθανεν *died*
ἀπέθανον *they died*
ἀπεκρίνατο *answered, responded*
ἀπέκτανον *they killed*
ἀπέκτειναν *they killed*
ἀπέκτεινας *you killed*
ἀπέκτεινε *killed*
ἀπέκτεινεν *killed*
ἀπέκτεινον *they were killing*
ἀπέκτονα *I killed, I have killed*
ἀπέκτονε *killed*
ἀπέκτονεν *killed*
ἄπεστιν *is absent*
   ἄπεστιν οὗτος *this (person) is absent*
ἀπέφευγεν *was fleeing*
ἀπέφυγον *fled*
ἀπῆλθον *they left*
ἀπῆσαν *they were absent, gone*
ἄπιστοι *unfaithful*
ἄπιστος *unfaithful*
ἀπό *away; from; away from*
ἀπόδος *give back! return!*

ἀποδώσεις *you will give back, return*
ἀποδώσω *I will give back, return*
ἀποθνήσκει *is dying, dies*
ἀποκρίνεται *answers, responds*
ἀποκτεῖναι *to kill*
ἀποκτείνειεν *kills; would kill*
   ἐφοβοῦντο μὴ αὐτοὺς πάντας ἀποκτείνειεν ἡ Ἄρτεμις *they were afraid that Artemis would kill them all*
ἀποκτείνειν *to kill*
ἀποκτείνῃ *kill*
   ἵνα ἀποκτείνῃ ἔλαφον *in order to kill a deer*
ἀποκτείνῃς *you kill*
   μὴ ἀποκτείνῃς με *don't kill me!*
ἀποκτείνοντα *killing*
   πολλοὺς Ἀχαιοὺς ἀποκτείνοντα *killing many Greeks*
ἀποκτείνοντας *killing*
   τὸν Λαοκόωντα ἀποκτείνοντας *killing Laocoon*
ἀποκτενοῦμεν *we will kill*
ἀποκτενῶ *I will kill*
ἀπολεῖ *will destroy*
ἀπολέσῃς *you destroy*

ἐὰν τὸν ξύλινον ἵππον
  ἀπολέσῃς σύ *if you*
    destroy the wooden horse
ἀπολλύναι *to destroy*
Ἀπόλλων *Apollo (the god*
  of archery)
ἀπολῶ *I will destroy*
ἀπόντος *with ___ being*
  absent
    ἀνέμου ἀπόντος *since the*
      wind was absent
    τοῦ Ἀχιλλέως ἀπόντος
      since Achilles was absent
    τοῦ δὲ Ἕκτορος ἀπόντος
      since Hector was absent
ἀποπλεῖτε *sail away!*
ἆρα *? (marks a question)*
    ἆρα μαίνῃ; *are you mad?*
ἄριστον *best*
ἅρμα *chariot*
ἄρνες *lambs*
ἀρνόν *lamb*
Ἀρτέμιδος *of Artemis,*
  Artemis's
Ἄρτεμις *Artemis*
ἀρχή *beginning*
ἀρχήν *rule*
    τὴν δὲ ἀρχὴν *the rule (i.e.,*
      the kingdom of)
Ἀσία *Asia*
Ἀσίας *of Asia*
ἀσμένως *gladly*
ἀσπίδα *shield*
ἀσπίδος *shield*
ἀσπίς *shield*
ἄστυ *city*

ἄτοπον *strange, unusual*
αὖθις *again*
αὕτη *she*
αὐτήν *her*
αὐτῆς *of her, her*
αὐτίκα *immediately*
    μάλ' αὐτίκα *immediately,*
      at once
αὐτό *it*
αὐτόν *him; it*
αὐτός *he (himself)*
αὐτοῦ *his, of him; he; him*
αὐτούς *them*
αὐτῷ *to him; for him*
    οὐδὲ χαλεπὸν ἦν αὐτῷ
      and this was not difficult
      for him
αὐτῶν *their, of them; them*
ἀφεῖλε *stole*
    ἀφεῖλε οὗτος *this (person)*
      stole
ἀφείλετο *stole*
Ἀφροδίτη *Aphrodite*
Ἀφροδίτῃ *to Aphrodite*
Ἀφροδίτην *Aphrodite*
Ἀφροδίτης *Aphrodite's, of*
  Aphrodite
ἄφρονές *foolish*
ἄφρων *foolish*
Ἀχαιοί *Greeks (Homer*
  uses the term "Achaeans"
  for the people we refer to
  as "Greeks")
Ἀχαιοῖς *to the Greeks,*
  Achaeans; Greeks,
  Achaians

Ἀχαιόν *Greek, Achaean*

Ἀχαιός *Greek, Achaean*

    Ἀχαιός τις *a certain Greek
    (i.e., one of the Greeks)*

Ἀχαιούς *Greeks, Achaeans*

Ἀχαιῶν *Greeks', of the
Greeks, Achaeans', of
the Achaeans; Greeks,
Achaeans*

    βασιλεὺς πάντων τῶν
      Ἀχαιῶν *king of all of the
      Greeks*

Ἀχιλλέᾱ *Achilles*

Ἀχιλλεῖ *to Achilles;
Achilles's; Achilles*

Ἀχιλλεῦ *o Achilles!*

Ἀχιλλεύς *Achilles*

Ἀχιλλέως *of Achilles,
Achilles's; Achilles*

    παρὰ τοῦ Ἀχιλλέως *from
    Achilles*

    τοῦ Ἀχιλλέως ἀπόντος
    since Achilles was absent

Β

β' *two*

βάλε *throw!*

βασιλεῦ *o king!*

βασιλεύς *king*

    βασιλεὺς πάντων τῶν
      Ἀχαιῶν *king of all of the
      Greeks*

βασιλέως *king's, of the
king*

βασίλισσα *queen*

βέβληται *was thrown*

ὁ ἄκων βέβληται *the
    javelin was thrown*

βοᾶν *to shout*

    οὐκ ἐδύνατο βοᾶν *was
    not able to shout*

βοήθει *help!*

    βοήθει ἡμῖν *help us!*

βοηθείᾱς *help*

βοηθήσει *will help*

βοηθήσῃς *you help*

    μὴ βοηθήσῃς τοῖς Τρωσίν
    don't help the Trojans

βοήθησόν *help!*

βουλή *plan*

    βουλή μοί ἐστιν *there is
    a plan to me (i.e., I have
    a plan)*

βούλῃ *you want*

    τί οὖν βούλῃ με θῦσαι;
    *what then do you want
    me to sacrifice?*

βουλήν *plan*

βούλομαι *I want*

    βούλομαί σε μάχεσθαι
    τοῖς Τρωσίν *I want you
    to fight the Trojans*

    ἔγωγέ σε θῦσαι βούλομαι
    I want you to sacrifice

βοῶν *(while) shouting*

βοῶντες *(while) shouting*

βοῶσαι *shouting*

Βρῑσηίδα *Briseis*

Βρῑσηίς *Briseis*

βρῶμα *food*

βρώματος *of food*

βρώματος ἕνεκα *for the sake of food*

βωμόν *altar*

κάθισον ὑπὲρ τὸν βωμὸν *sit on the altar!*

βωμοῦ *altar*

Γ

γ' *three*

γάρ *for*

εἰ γὰρ *for if*

τὸ γὰρ μῆλον ἐὰν ἐμοὶ δῷς *for if you give the apple to me*

γε *at least; indeed (restrictive or emphatic particle)*

ἀληθῶς γε *truly, certainly*

εὖ γε! *well done! excellent! oh good!*

πάνυ γε *certainly, by all means*

γέγονας *you have become*

γέγονεν *has become, happened*

γέγραπται *was written, has been written*

γελῶν *(while) laughing*

γενήσῃ *you will become*

γῆν *earth; ground*

ἐπὶ τὴν γῆν ἔπεσεν *fell upon the earth*

ἡ καλλίστη γυνὴ ἐπὶ τῆς γῆς *the most beautiful woman on the earth*

γῆς *earth; ground*

γύναι *o woman!*

γυναῖκα *woman*

γυναῖκας *women*

γυναικός *wife*

γυνή *woman; wife*

ἡ καλλίστη γυνὴ ἐπὶ τῆς γῆς *the most beautiful woman on the earth*

Δ

δ' *see* **δέ**; *four*

δᾱκρύεις *you cry, you are crying*

δέ *and; but (shows connection to previous thought and often is not translated)*

δ' οὖν *so then*

μὲν...δὲ *on the one hand... but on the other hand*

δεῖ *must; it is necessary (that)*

δεῖ ἡμᾶς *we must; it is necessary (that) we*

δειλέ *o coward!*

δεινῶς *dreadfully, violently*

δείξω *I might show*

ἵνα δείξω *in order to show; so that I might show*

δέκα *ten*

δέκα ἔτη ἤδη *for ten years already*

μετὰ δέκα ἔτη *after ten years*

δεκάτῳ *tenth*

δή *indeed; in fact*
    καὶ δὴ καί *and what is*
      more
    τί δή *what? (emphatic)*
δῆλον *clear*
δήπου *no doubt, doubtless;*
 surely
δι᾽ *see* **διά**
    δι᾽ ὀλίγου *soon*
Δία *Zeus*
    παρὰ τὸν Δία *to Zeus*
διά *because; through*
    δι᾽ ὀλίγου *soon*
    διὰ πολλοῦ *for a long*
     time
    διὰ τί *why?*
διαλύεσθαι *to fall apart*
διαφθεῖραι *to destroy*
διαφθείρατε *they are*
 destroying
διεφθαρμένη *destroyed,*
 having been destroyed
διέφθειρε *was destroying*
διέφθειρεν *was destroying*
διέφθειρον *they were*
 destroying
Διί *to Zeus*
Διός *Zeus's, of Zeus*
διότι *because*
διώκετε *chase!*
διώκοντι *(while) chasing*
δοίη *might give*
    ἵνα δοίη αὐτὸ *in order to*
    give it; so that he might
    give it
δόρατι *with a spear*

δόρυ *spear*
    οὔτε δόρυ οὔτε ξίφος
    neither a spear nor a
    sword
δός *give!*
    δός μοι *give to me!*
δοῦλοι *slaves*
δοῦναι *to give*
δύναμαι *I can, am able*
δυνάμεθα *we can, are able*
δύναται *can, is able*
δύο *two*
δῶρα *gifts*
δῷς *you give*
    ἐμοὶ δὲ ἐὰν δῷς τὸ μῆλον
    if you give the apple to me
    τὸ γὰρ μῆλον ἐὰν ἐμοὶ
    δῷς *for if you give the*
    apple to me
δώσω *I will give*

Ε

ε᾽ *five*
ἐάν *if*
    ἐμοὶ δὲ ἐὰν δῷς τὸ μῆλον
    if you give the apple to me
    ἐὰν τὸν ξύλινον ἵππον
    ἀπολέσῃς σύ *if you*
    destroy the wooden horse
    τὸ γὰρ μῆλον ἐὰν ἐμοὶ
    δῷς *for if you give the*
    apple to me
ἑαυτῷ *to himself*
ἔβαλε *threw*
ἔβαλεν *threw*
ἔβαψε *dipped*

ἔβλεπε *was looking (at)*

ἔβλεπεν *was looking (at)*

ἔβλεπον *they were looking (at)*

ἔβλεψαν *they looked (at)*

ἔβλεψεν *looked (at)*

ἐβόᾱ *was shouting*

ἐβοήθει *was helping*

ἐβοήθησε *helped*

ἐβοήθουν *they were helping*

ἐβόησαν *they shouted*

ἐβόησε *shouted*

ἐβόησεν *shouted*

ἐβούλετο *was wanting*

ἐβούλευσεν *planned*

ἐβουλήθη *wanted*

ἐβουλήθησαν *they wanted*

ἐβουλόμην *I was wanting*

ἐβόων *they were shouting*

ἐγγύς *near*

  ἐγγὺς δὲ τῶν νεῶν *near the ships*

ἐγέλᾱ *was laughing*

ἐγέλησε *laughed*

ἐγώ *I*

ἔγωγε *I (emphatic)*

  ἔγωγέ σε θῦσαι βούλομαι *I want you to sacrifice*

ἐδάκρῡε *was crying*

ἐδάκρῡεν *was crying*

ἐδίωκε *was chasing*

ἐδίωκεν *was chasing*

ἐδίωξεν *chased*

ἔδονται *they will eat*

ἔδραμε *ran*

ἔδραμεν *ran*

ἔδραμον *they ran*

ἐδύναντο *they could, were able*

ἐδύνατο *could, was able*

  οὐκ ἐδύνατο βοᾶν *was not able to shout*

ἔδωκε *gave*

ἔδωκεν *gave*

ἐθάρρῡναν *encouraged, heartened*

ἐθαύμαζον *they marvelled, were amazed*

ἐθέᾱτο *watched*

εἰ *if*

  εἰ μὴ *unless, if not*

εἴ *(expression of pain or surprise)*

εἶ *you are*

εἶδεν *saw*

εἶδον *they saw*

εἶδος *appearance, form*

  εἶδος ἀλλάσσεται *his appearance is changed (i.e., he changed his appearance)*

εἰκόνα *statue*

εἴκοσιν *twenty*

εἰμί *I am*

εἰπέ *say! tell!*

  εἰπέ μοι *tell me! say to me!*

εἶπεν *said*

εἶπες *you said*

εἰπόντες *(after) saying*

  ταῦτα εἰπόντες *after saying these (words)*

εἰπών *(after) saying,*
having said
    τοῦτο εἰπών *having said*
    this
    ταῦτα εἰπών *after saying*
    these (words)
εἶρπον *they slithered*
εἰς *into*
    εἰς ἔρωτα ἦλθεν ἡ Ἑλένη
    Helen fell in love
εἰσέβη *entered*
εἰσέβησαν *they entered*
εἰσιν *they are*
εἶτα *then*
εἶχεν *had*
    ὀργίλως εἶχεν *was angry*
    οὐκέτι ἄκοντα εἶχεν *no*
    longer had a javelin
εἶχον *they had*
    ὀργίλως εἶχον *they were*
    angry
ἐκ *out of*
    ἐκ νεὼς ἐκβαίνοντος
    exiting a ship
ἐκάθευδεν *was sleeping*
ἐκάθευδον *they were*
sleeping
ἐκάλεσάς *you called*
ἐκάλεσε *called*
ἐκάλεσεν *called*
ἐκβαίνοντος *exiting*
    ἐκ νεὼς ἐκβαίνοντος
    exiting a ship
ἐκείνης *that*
    ἐκείνης τῆς νυκτός *that*
    night

ἐκεκύκλωτο *had*
surrounded
ἐκέλευσε *ordered*
ἐκέλευσεν *ordered*
ἐκίνουν *they were moving*
    ἐκίνουν τὸν νοῦν *they*
    were moving the mind
    (i.e., influencing the
    thoughts)
ἔκρινε *judged*
ἔκρινεν *judged*
Ἕκτορ *o Hector*
Ἕκτορα *Hector; at Hector*
Ἕκτορι *Hector*
Ἕκτορος *of Hector*
    τοῦ δὲ Ἕκτορος ἀπόντος
    since Hector was absent
Ἕκτωρ *Hector*
ἔλαβεν *took (up)*
ἔλαφον *deer*
ἔλαφος *deer*
ἔλεγεν *was saying*
ἔλεγον *was saying*
Ἑλένη *Helen*
Ἑλένην *Helen*
Ἑλένης *Helen's, of Helen*
Ἑλλάδι *Greece*
Ἑλλάς *Greece*
ἐμαχέσατο *fought*
ἐμάχοντο *they were*
fighting
ἐμέ *me*
ἔμεινε *waited for*
ἔμενον *they were waiting*
ἐμῇ *my*
ἐμίσησαν *they hated*

ἐμίσουν *they were hating*
  ἐμίσουν ἄν *they would hate*
ἐμοί *to me; for me; me; my, mine*
  ἐμοὶ γάρ ἐστι ἡ Βρῑσηΐς *for Briseis is mine*
  ἐμοὶ δὲ ἐὰν δῷς τὸ μῆλον *if you give the apple to me*
ἐμόν *my*
ἐμός *my*
ἐμοῦ *my*
ἐν *in; on*
  ἐν μέσῳ τῷ συμποσίῳ *in the middle of the party*
  ἐν μέσῳ τῶν τε τειχῶν καὶ τῶν νεῶν *between both the walls and the ships*
  ἐν νηΐ τινι *in a certain ship (i.e., in one of the ships)*
  ἐν ᾧ *while*
ἕν *one*
ἔνεισιν *they are in*
ἕνεκα *for the sake of, because of, on account of*
  ἀνέμου ἕνεκα *for the sake of wind*
  βρώματος ἕνεκα *for the sake of food*
  τούτου ἕνεκα *because of this*
  τούτων ἕνεκα *on account of these (things), because of these (things)*

ἐνενόει *was considering, pondering*
ἔνευσε *nodded (to)*
ἐνίκησαν *they defeated*
  καὶ οὕτως ἐνίκησαν τοὺς Τρῶας *and thus they defeated the Trojans*
ἐννέα *nine*
  ἐννέα οὖν ἔτη *so for nine years*
ἐξαίφνης *suddenly*
ἐξέβη *went out*
ἐξεπήδων *they were jumping out of*
ἐξέφῡγε *evaded*
ἔξω *outside (of)*
ἐπανιέναι *to return*
ἔπειτα *then*
ἔπεμψε *sent*
ἔπεμψέν *sent*
ἔπεσεν *fell*
  ἐπὶ τὴν γῆν ἔπεσεν *fell upon the earth*
ἔπεσθε *follow!*
ἐπί *on, upon; against; at*
  ἔδραμε ἐπὶ τοὺς Ἀχαιοὺς *he ran against (at) Achilles*
  ἐπὶ τῇ θύρᾳ *at the door*
  ἐπὶ τὴν Ἀθηνᾶν ἐσκόπει *was looking at Athena*
  ἐπὶ τὴν γῆν ἔπεσεν *fell upon the earth*
  ἐπὶ τοῖς τείχεσι ἕστασαν *they were standing on the walls*

ἡ καλλίστη γυνὴ ἐπὶ τῆς
γῆς the most beautiful
woman on the earth

ἐπίλογος epilogue

ἔπλει was sailing

ἔπλευσε sailed

ἔπνει was blowing

ἔπνευσε blew

ἐποιεῖτο was making
περὶ πλείστου ἐποιεῖτο
greatly valued

ἐποίησαν they made

ἐρᾶν to desire, love
ἐρᾶν...τῆς Ἑλένης to love
Helen

ἐρᾷς you desire, love

ἔρποντες (while) slithering

ἔρρωσο goodbye! farewell!

ἐρῶ I desire, love
σοῦ ἐρῶ I love you

ἔρως desire, love

Ἔρως Desire, Eros, Cupid
(the god of desire and love)

ἔρωτα desire, love
εἰς ἔρωτα ἦλθεν ἡ Ἑλένη
Helen fell in love

ἔρωτος of desire, love

ἐσκόπει was looking at
ἐπὶ τὴν Ἀθηνᾶν ἐσκόπει
was looking at Athena

ἔσπασε dragged

ἔσται will be

ἔστασαν they were
standing

ἐπὶ τοῖς τείχεσι ἔστασαν
they were standing on the
walls

ἔστε you are

ἔστειλε prepared, equipped

ἐστί is, there is, it is

ἐστίν is, there is, it is
βουλή μοί ἐστιν there is
a plan to me (i.e., I have
a plan)

ἑστῶτας standing
τοὺς Τρῶας ἐπὶ τοῖς
τείχεσι ἑστῶτας ἰδών
seeing the Trojans
standing on the walls

ἔσχεν took hold of, gripped

ἔτει year

ἑτέρᾳ second; the other (of
two)
τῇ δὲ ἑτέρᾳ on the second
(day)

ἔτη years
δέκα ἔτη ἤδη for ten years
already
ἐννέα οὖν ἔτη so for nine
years
μετὰ δέκα ἔτη after ten
years

ἔτι still, yet
ἔτι καὶ and also, and
further

ἐτόξευσε shot (from a bow)

ἐτρέπετο was turning

ἔτρεχον they were running

ἔτυχε hit, struck

ἔτυχεν hit, struck

ἔτυψε *hit, struck*

ἔτυψεν *hit, struck*

εὖ *well; good*

    εὖ γε! *well done! excellent!*
      oh good!

    εὖ λέγεις *you spoke well*

εὐθύ *in a straight line*

εὐθύς *straightaway,*
  immediately

εὑρίσκωσιν *they might find*

    ἵνα τὸ μῆλον εὑρίσκωσιν
      in order to find the apple,
      so that they might find the
      apple

Εὐρώπης *of Europe*

εὔχεται *prays*

ἐφάνη *appeared*

ἐφάνησαν *they appeared*

ἔφευγον *they were fleeing*

ἔφη *said*

ἐφίλει *was kissing*

ἐφίλησε *kissed*

ἐφοβήθη *was afraid, feared*

    σφόδρα οὖν ἐφοβήθη *so*
      he was very afraid

ἐφοβοῦντο *they were*
  afraid, were fearing

    ἐφοβοῦντο μὴ αὐτοὺς
      πάντας ἀποκτείνειεν ἡ
      Ἄρτεμις *they were afraid*
      that Artemis would kill
      them all

ἔφυγεν *fled*

ἔφυγον *they fled*

ἔχαιρε *was rejoicing, happy*

ἔχαιρεν *was rejoicing,*
  happy

    μάλα ἔχαιρεν *was very*
      happy

ἔχαιρον *they were rejoicing,*
  happy

ἐχάρη *rejoiced, was happy*

ἐχάρησαν *they rejoiced,*
  were happy

ἔχε *have! hold!*

    συγγνώμην ἔχε *excuse*
      me

ἔχειν *to have, hold*

ἐχομένη *having, holding*

ἔχω *I have*

    χάριν σοι ἔχω *I thank you*

ἔχων *having, holding*

Ζ

ζ' *seven*

Ζεῦ *o Zeus!*

Ζεύς *Zeus*

Η

ἡ *the*

ἤ *than; or*

    ἤ...ἤ *either...or*

    μείζων...ἤ *greater...than*

ἥ *the*

η' *eight*

ἤγαγε *led*

ἤγαγεν *led*

ἤδη *already; now*

    δέκα ἔτη ἤδη *for ten years*
      already

    ἤδη οὖν *so now, now then*

ἦει *hurried, went*
ἠθέλησεν *wanted*
  οὐκ ἠθέλησεν κρῖναι
    didn't want to judge
ἤκουσε *heard, listened*
ἦλθεν *came, went*
  εἰς ἔρωτα ἦλθεν ἡ Ἑλένη
    Helen fell in love
ἦλθον *they came, went*
ἡμᾶς *us; we*
  δεῖ ἡμᾶς *we must; it is*
    necessary (that) we
ἡμεῖς *we*
ἡμέρᾳ *day*
  τῇ...πρώτῃ ἡμέρᾳ *on the*
    first day
ἡμέρᾱν *day*
  καθ' ἡμέρᾱν *day by day*
    (i.e., daily)
  κατὰ...ἡμέρᾱν *day by day*
    (i.e., daily)
ἡμέρᾱς *days*
  πολλὰς οὖν ἡμέρᾱς *then*
    for many days
ἡμῖν *us*
  βοήθει ἡμῖν *help us!*
ἡμῶν *our*
ἦν *was, this was*
  οὐδὲ χαλεπὸν ἦν αὐτῷ
    and this was not difficult
    for him
Ἥρᾱ *Hera*
Ἥρᾱν *Hera*
Ἥρᾱς *Hera*
ἦρεν *lifted up*
ἤρετο *asked*

ἤρξαντο *they began*
ἤρξατο *began*
ἤρχοντο *they were*
  beginning
ἠρώτᾱ *asked*
ἥρωα *hero, demigod*
ἥρως *hero, demigod*
ἦσαν *they were*
ᾔτησαν *they asked,*
  requested
ηὔθῡνε *guided*
ηὗρεν *found*
  ηὗρεν ὁ Ἀχιλλεὺς τὸν
    Ἕκτορα μόνον *Achilles*
    found Hector alone
  τι ηὗρεν *devised something*
    (i.e., had an idea)

Θ

θ' *nine*
θαλάσσης *sea*
θεά *o goddess!*
θεά *goddess*
θεαί *goddesses*
  καὶ οἱ θεοὶ καὶ αἱ θεαὶ *both*
    the gods and the goddesses
  οἵ τε θεοὶ καὶ αἱ θεαὶ *both*
    the gods and the goddesses
θεάν *goddess*
θεάς *goddesses*
  θεούς τε καὶ θεὰς *both*
    gods and goddesses
θεοί *gods*
  καὶ οἱ θεοὶ καὶ αἱ θεαὶ *both*
    the gods and the goddesses

οἵ τε θεοὶ καὶ αἱ θεαί *both*
the gods and the goddesses

θεός *god*

θεὸς ὤν *being a god*

θεούς *gods*

θεούς τε καὶ θεὰς *both*
gods and goddesses

θεῶν *of the gods*

πρὸς θεῶν *by the gods!*
(i.e., for heaven's sake!)

τινες τῶν θεῶν *some of*
the gods

θηρευτῶν *of hunters*

θνητός *mortal*

θύγατερ *o daughter!*

θυγατέρα *daughter*

θυγάτηρ *daughter*

θύρᾱ *door*

θύρᾳ *door*

ἐπὶ τῇ θύρᾳ *at the door*

θύρᾱν *door*

θῦσαι *to sacrifice*

ἔγωγέ σε θῦσαι βούλομαι
I want you to sacrifice

τί οὖν βούλῃ με θῦσαι;
what then do you want
me to sacrifice?

θυσίᾱ *sacrifice*

θυσίαν *sacrifice*

Ι

ι' *ten*

ια' *eleven*

ιβ' *twelve*

ἴδε *see!*

ἴδετε *see!*

Ἴδη *Ida*

Ἴδῃ *Ida*

Ἴδην *Ida*

ἴδοι *might see*

ἴδοιεν *they might see*

ἰδού *look! (attention*
grabber)

ἰδοῦσα *(after) seeing,*
having seen

ἰδών *(after) seeing, having*
seen

τοὺς Τρῶας ἐπὶ τοῖς
τείχεσι ἑστῶτας ἰδών
seeing the Trojans
standing on the walls

ἰδῶντα *(after) seeing,*
having seen

ἱερά *temples*

ἱερεύς *priest*

ἱερόν *temple*

ἱεροῦ *temple's, of the*
temple; temple

Ἰθάκη *Ithaca*

Ἰθάκῃ *Ithaca*

ἵνα *so that, in order to*
(marks a purpose clause)

ἵνα ἀποκτείνῃ ἔλαφον *in*
order to kill a deer

ἵνα δείξω *in order to*
show; so that I might
show

ἵνα δοίη αὐτὸ *in order to*
give it; so that he might
give it

ἵνα πλέωσιν *in order to*
sail; so that they might sail

ἵνα πολεμήσῃ *so that he would wage war*

ἵνα τὸ μῆλον εὑρίσκωσιν *in order to find the apple; so that they might find the apple*

ἰός *poison*

ἰοῦ *hooray! (a cry of pain or joy)*

ἵππον *horse*

ἵππος *horse*

ἵππου *horse*

ἵππῳ *horse*

ἰσχῡροτέρᾱ *stronger*

ἴσως *perhaps*

Κ

καθ' *see* **κατά**

καθ' ἡμέρᾱν *day by day (i.e., daily)*

καθευδόντων *with ___ sleeping*

πάντων τῶν Τρώων καθευδόντων *while all of the Trojans were sleeping*

κάθισον *sit!*

κάθισον ὑπὲρ τὸν βωμὸν *sit on the altar!*

καί *and, also, too; even; both...and*

ἔτι καὶ *and also, and further*

θεούς τε καὶ θεὰς *both gods and goddesses*

καὶ δὴ καὶ *and what is more*

καὶ...καὶ *both...and*

καὶ οἱ θεοὶ καὶ αἱ θεαὶ *both the gods and the goddesses*

καὶ οὕτως ἐνίκησαν τοὺς Τρῶας *and thus they defeated the Trojans*

οἵ τε θεοὶ καὶ αἱ θεαὶ *both the gods and the goddesses*

καίπερ *although*

κακοί *bad*

κακός *bad*

καλαί *beautiful*

καλή *beautiful*

καλήν *beautiful*

καλλίσται *most beautiful*

καλλίστη *most beautiful*

ἡ καλλίστη γυνὴ ἐπὶ τῆς γῆς *the most beautiful woman on the earth*

καλλίστῃ *to the most beautiful; for the most beautiful*

καλλίστην *most beautiful*

κάλλος *beauty*

κάλλους *of beauty*

κατ' *see* **κατά**

κατ' ὄναρ *in a dream*

κατά *against; according to; throughout*

καθ' ἡμέρᾱν *day by day (i.e., daily)*

κατ' ὄναρ *in a dream*

κατὰ τοῦ Ἀχιλλέως *against Achilles*

κατὰ...ἡμέρᾱν *day by day (i.e., daily)*

κατὰ τὴν πόλιν
throughout the city
κατέβαινον they were descending
κατεγέλᾱ they were laughing at
κατεγέλασε laughed at
κατεγέλασεν laughed at
κατεγέλων they were laughing at
κατεῖχεν gripped
κατελάμβανον they were capturing
κατέσχεν took hold of
κεφάλαιον chapter
κλέψοντι stealing
κόλασον punish!
κολάσω I will punish
κόρη young woman
κόρην young woman
κόρης young woman's, of the young woman
κόρυθα helmet
κόρυς helmet
κρῖναι to judge
κρῖναι τὸ πρᾶγμα to judge the matter
οὐκ ἠθέλησεν κρῖναι didn't want to judge
κρίνειν to judge
κρῖνον judge!
κρυπτή hidden
κρυπτήν hidden
κύνες dogs
κυσίν to the dogs

Λ

λάθρᾳ in secret, secretly
Λᾱοκόων Laocoön
Λᾱοκόωντα Laocoön
Λᾱοκόωντος Laocoön's, of Laocoön
πλὴν τοῦ οἴκου τοῦ Λᾱοκόωντος except the house (i.e., household) of Laocoön
λέγει says
λέγεις you say, speak
εὖ λέγεις you speak well (i.e., well said)
λέγοντες (while) saying
λέγουσα saying
λέγων saying
λέξις word
λέοντες lions
λόγοι words
λόγον word
λόγους words
λύκοι wolves
λύκος wolf

Μ

μαίνῃ you are mad
ἆρα μαίνῃ; are you mad?
μακρά long
μάλ' see **μάλα**
μάλ' αὐτίκα immediately, at once
μάλα very, exceedingly
μάλα ἔχαιρεν was very happy
μάλιστα very much, most

μᾶλλον *rather*

μάχεσθαι *to fight*

βούλομαί σε μάχεσθαι
τοῖς Τρωσίν *I want you
to fight the Trojans*

μαχόμεναι *fighting*

μαχόμενον *fighting*

μάχονται *they are fighting*

μάχου *fight!*

μάχου μοι *fight me!*

μαχοῦμαι *I will fight*

με *me*

τί οὖν βούλῃ με θῦσαι;
*what then do you want
me to sacrifice?*

μέγα *big, large*

μεγάλη *big, large*

μεγάλην *big, large*

μεγάλοι *big, large*

μεγάλους *big, large*

μεγάλῳ *big, large*

μέγαν *big, large*

ἄνδρα τινὰ μέγαν *a
certain large man (i.e.,
that large man)*

μέγιστον *huge, very big,
very large*

μέγιστος *huge, very big,
very large*

μείζων *greater, larger*

μείζων...ἢ *greater...than,
larger...than*

μέν *on the one hand
(particle setting up a
contrast; often is not
translated)*

ἡ μὲν οὖν Ἥρα ἐβούλετο
δοῦναι τὸ μῆλον τῷ Διΐ
*Hera, on the one hand,
was wanting to give the
apple to Zeus*

μὲν...δὲ *on the one hand...
but on the other hand*

μὲν οὖν *so (indeed)*

ὁ μὲν Ἀγαμέμνων
βασιλεὺς Ἀχαιῶν
*Agamemnon, on the one
hand, is king of the Greeks*

μένε *wait!*

μενεῖ *will wait (for)*

μένει *is waiting (for)*

Μενέλαος *Menelaus*

Μενελάου *Menelaus*

μέντοι *however*

μένω *I am staying,
remaining*

μεριμνᾷ *worries, is anxious*

μεριμνῶν *(while) worrying*

μέσῳ *middle; between*

ἐν μέσῳ τῷ συμποσίῳ *in
the middle of the party*

ἐν μέσῳ τῶν τε τειχῶν
καὶ τῶν νεῶν *between
both the walls and the
ships*

μετά *after*

μετὰ δέκα ἔτη *after ten
years*

μετὰ μίαν ὥραν *after one
hour*

μετέγνω *reconsidered,
changed his intention*

μή not; don't; so that not, lest; that

    εἰ μὴ if not; unless

    ἐφοβοῦντο μὴ αὐτοὺς πάντας ἀποκτείνειεν ἡ Ἄρτεμις they were afraid that Artemis would kill them all

    μὴ ἀποκτείνῃς με don't kill me!

    μὴ βοηθήσῃς τοῖς Τρωσίν don't help the Trojans

μῆλον apple

    τοῦτο τὸ μῆλον this apple

μήλῳ apple

μῆνις wrath

μῆτερ o mother!

μήτηρ mother

μητρί mother

μίαν one

    μετὰ μίαν ὥραν after one hour

μῑκρᾷ small

μῑκρὰν small

μῑκρούς small

μῑσεῖ hates

μοι me; to me; for me; my

    βουλή μοί ἐστιν there is a plan to me (i.e., I have a plan)

    δός μοι give to me!

    εἰπέ μοι tell me! say to me!

    μάχου μοι fight me!

    τὴν Ἑλένην μοι my Helen

μόνον alone; only

    ηὗρεν ὁ Ἀχιλλεὺς τὸν Ἕκτορα μόνον Achilles found Hector alone

    οὐ μόνον not only

μόνος alone; only

μου my; me

    ἄκουέ μου listen to me! hear me!

    πατήρ μου my father

N

ναί yes

ναῦν ship

ναῦς ship

νενῑκήκαμεν we have won

νενίκηκε has defeated

νενικημένοι defeated

νεῶν of the ships; the ships

    ἐγγὺς δὲ τῶν νεῶν near the ships

    ἐν μέσῳ τῶν τε τειχῶν καὶ τῶν νεῶν between both the walls and the ships

νεώς ship

    ἐκ νεὼς ἐκβαίνοντος exiting a ship

νῆες ships

νηΐ by ship; ship

    ἐν νηΐ τινι in a certain ship (i.e., in one of the ships)

νῑκᾶν to defeat, conquer

νῑκήσαιεν they might defeat, conquer

νῑκήσομεν we will defeat

νοῦν mind

ἐκίνουν τὸν νοῦν *they were moving the mind (i.e., influencing the thoughts)*

νυκτί *night*
τῇδε τῇ νυκτί *tonight*

νυκτός *night*
ἐκείνης τῆς νυκτός *that night*

νῦν *now*

Ξ

ξίφος *sword*
οὔτε δόρυ οὔτε ξίφος *neither a spear nor a sword*

ξύλινον *wooden*
ξύλινος *wooden*
ξυλίνου *wooden*
ξυλίνῳ *wooden*

Ο

ὁ *the*
ὅ *the*[2]

Ὀδυσσέα *Odysseus*
Ὀδυσσεῖ *with Odysseus*
ὠργίζετο τῷ Ὀδυσσεῖ *was becoming angry with Odysseus*

Ὀδυσσεύς *Odysseus*
Ὀδυσσέως *Odysseus's, of Odysseus*

οἱ *the*
οἵ *the*[3]

οἶδα *I know*
χάριν σοι οἶδα *I thank you*

οἴκαδε *towards home*

οἶκος *house, home*

οἴκου *house, home*
πλὴν τοῦ οἴκου τοῦ Λᾱοκόωντος *except the house (i.e., household) of Laocoön*

οἴμοι *oh no!*

οἴσω *I will carry*

ὀλίγου *few, little*
δι' ὀλίγου *soon*

ὅλον *whole*

Ὀλύμπου *Olympus*
ἀπὸ τοῦ ὄρους τοῦ Ὀλύμπου *from Mount Olympus*

Ὀλύμπῳ *Olympus*
ἐν τῷ ὄρει τῷ Ὀλύμπῳ *on Mount Olympus*

ὅλῳ *whole*

ὀμνύᾱσιν *they swear (an oath)*

ὀμνύναι *to swear (an oath)*

ὄναρ *dream*
κατ' ὄναρ *in a dream*

ὄνομα *name*
τί ὄνομά σοι; *what is your name?*

ὀνόματι *by name, named*
ὀνόματι Ὀδυσσεύς *named Odysseus*

---

[2] Every occurrence of ὅ in this novella is with τε, not the relative pronoun.
[3] Every occurrence of οἵ in this novella is with τε, not the relative pronoun.

ὄντα *being*

ὄντες *being*

ὄντος *being*

    ἀνδρὸς ἤδη αὐτῆς ὄντος
    since she already has a
    husband

ὀργίζεται *becomes angry*

ὀργίλως *angrily*

    ὀργίλως εἶχεν *was angry*

    ὀργίλως εἶχον *they were*
    angry

ὀργιλώτατα *most angry,*
  very angry

ὀργιλώτερον *angrier*

ὄρει *mountain, Mount*

    ἐν τῷ ὄρει τῷ Ὀλύμπῳ
    on Mount Olympus

ὀρθῶς *correctly*

ὅρκον *oath*

ὅρμαται *charges*

ὄρος *mountain*

ὄρους *mountain, Mount*

    ἀπὸ τοῦ ὄρους τοῦ
    Ὀλύμπου *from Mount*
    Olympus

ὁρῶ *I see*

ὁρῶμεν *we see*

ὅτι *because*

οὐ *not*

    οὐ γὰρ ἐγώ εἰμι ἡ
    καλλίστη θεά; *for am*
    I not the most beautiful
    goddess?

    οὐ μόνον *not only*

σπονδὰς οὐ ποιοῦνται
  they don't make peace
  treaties

οὐδαμῶς *in no way, not*
  at all

οὐδέ *and not, nor*

    οὐδὲ χαλεπὸν ἦν αὐτῷ
    and this was not difficult
    for him

οὐδείς *none, no one,*
  nobody

οὐδέν *none, nothing, no*
  (thing)

    οὐδεν τόξευμά *no arrow*

    οὐδὲν τῶν τοξευμάτων
    none of the arrows

οὐκ *see* **οὐ**

οὐκέτι *no longer*

    οὐκέτι ἄκοντα εἶχεν *no*
    longer had a javelin

οὖν *so; then*

    δ' οὖν *so then*

    ἐννέα οὖν ἔτη *so for nine*
    years

    ἤδη οὖν *so now, now then*

    μὲν οὖν *so (indeed)*

    οὕτως οὖν *in this way*
    then

    πολλὰς οὖν ἡμέρας *then*
    for many days

    πολὺν οὖν χρόνον *so for*
    a long time

οὐρανοῦ *sky*

οὔτε *neither, nor*

οὔτε δόρυ οὔτε ξίφος neither a spear nor a sword

οὗτος this

    ἀφεῖλε οὗτος this (person) stole

    ἄπεστιν οὗτος this (person) is absent

οὕτως so, thus, therefore

    καὶ οὕτως ἐνίκησαν τοὺς Τρῶας and thus they defeated the Trojans

    οὕτως οὖν in this way then

οὐχ see οὐ

ὄφεις snakes

ὄχθᾶς banks (of a river)

Π

παῖ o child! o boy!

παῖδα child

παιδία children

παῖς child, boy

πάντας all, everyone, everybody

πανταχοῦ everywhere

πάντες all, everyone, everybody

πάντων of all; all

    βασιλεὺς πάντων τῶν Ἀχαιῶν king of all of the Greeks

    πάντων τῶν Τρώων καθευδόντων while all of the Trojans were sleeping

πάνυ totally, absolutely

πάνυ γε certainly, by all means

παρ' see παρά

παρά to; from

    παρὰ τὸν Δία to Zeus

    παρὰ τοῦ Ἀχιλλέως from Achilles

πάρεστιν is present

Πάρι o Paris!

Πάριδα Paris

Πάριδι to Paris; Paris

Πάριδος Paris's, of Paris; Paris

Πάρις Paris

πᾶσαι all

πάτερ o father!

πατήρ father

πατρί to father

Πάτροκλον Patroclus

Πάτροκλος Patroclus

Πατρόκλου Patroclus's, of Patroclus

παύετε stop!

περί around; about, concerning

    περὶ τὰ τείχη around the walls

    περὶ τοῦδε about this

    τοῦ περὶ τὴν Τροίᾶν πολέμου of the war concerning Troy

Πηνελόπεια Penelope

πλεῖν to sail

πλείονας more

πλείστου of great (value)

περὶ πλείστου ἐποιεῖτο *greatly valued*

πλέωσιν *they might sail*
ἵνα πλέωσιν *in order to sail; so that they might sail*

πλὴν *except, but*
πλὴν τοῦ οἴκου τοῦ Λᾱοκόωντος *except the house (i.e., household) of Laocoön*

πνεύσεται *will blow*

ποῖ *whither? to where? to what place?*

ποιεῖν *to make*

ποιήσεις *you will make*

ποιοῦνται *they are making*
σπονδὰς οὐ ποιοῦνται *they don't make peace treaties*

πόλει *city*

πολεμῆσαι *to wage war*

πολεμήσῃ *would wage war*
ἵνα πολεμήσῃ *so that he would wage war*

πόλεμος *war*

πολέμου *of war*
τοῦ περὶ τὴν Τροίᾱν πολέμου *of the war concerning Troy*

πολεμῶμεν *let's wage war!*

πόλεως *city's, of the city*

πόλιν *city*

πολλά *many*

πολλάς *many*
πολλὰς οὖν ἡμέρᾱς *then for many days*

πολλοί *many*

πολλοῖς *many*

πολλοῦ *much*
διὰ πολλοῦ *for a long time*
πολλοῦ χρόνου *for a long time*

πολλούς *many*
πολλοὺς Ἀχαιοὺς ἀποκτείνοντα *killing many Greeks*

πολύ *much*

πολύν *much*
πολὺν οὖν χρόνον *so for a long time*

πονηρά *bad, evil*

Ποσειδῶν *Poseidon*

ποταμοῦ *river's, of the river*

ποταμῷ *for the river; river's*

ποτε *ever*
τί ποτε; *what!?!? what in the world?*

ποῦ *where?*

πρᾶγμα *matter*
κρῖναι τὸ πρᾶγμα *to judge the matter*
τί σοι τὸ πρᾶγμα; *what's wrong? what's the matter?*

πράγματος *matter*

Πρίαμον *Priam*

Πρίαμος *Priam*

Πριάμου *Priam*

Πριάμῳ *to Priam; Priam*

πρίν *before*

πρός to, towards; at
   πρὸς θεῶν by the gods!
     (i.e., for heaven's sake!)
   πρὸς τούτοις in addition
     to this, furthermore
   πρὸς τὸ συμπόσιον to the
     party
προσβάλετε attack!
προσεκάλεσεν summoned
πρωΐ early
   τὸ δὲ πρωΐ in the morning
πρώτη first
   τῇ...πρώτῃ ἡμέρᾳ on the
     first day
πρῶτον first
πτέρνα heel
πτέρνην heel
πτέρνης heel
πύλαι gates
πύλᾱς gates
πυλῶν gates
πῦρ fire
πῶς how?

Σ

σε you
σημεῖον sign
σήμερον today
σήν your
σῑγή silence
Σίνων Sinon
Σίνωνος Sinon's, of Sinon
σοι to you; for you; you;
  your
   δώσω σοι I will give to
     you

χάριν σοι thank you
χάριν σοι ἔχω I thank you
χάριν σοι οἶδα I thank
  you
τί ὄνομά σοι; what is your
  name?
τί σοι τὸ πρᾶγμα; what's
  wrong? what's the matter?
σόν your
σός your
σου your; you
  ὁ πατήρ σου your father
  σοῦ ἐρῶ I love you
σοφίᾱν wisdom; skill
σοφώτατος wisest,
  cleverest
Σπάρτη Sparta
Σπάρτῃ Sparta
Σπάρτης Sparta's, of
  Sparta; Sparta
Σπαρτιάτης Spartan
   Σπαρτιάτης τις a certain
     Spartan (i.e., one Spartan,
     a Spartan)
σπονδάς drink-offerings
   σπονδὰς οὐ ποιοῦνται
     they don't make peace
     treaties
Στυγός Styx's, of Styx
Στύξ Styx
σύ you
συγγνώμην pardon
   συγγνώμην ἔχε excuse
     me
συγκεχυμένη confused
συγκεχυμένον confused

συγκεχυμένος confused

συμπόσιον party

συμποσίου party

συμποσίῳ party

    ἐν μέσῳ τῷ συμποσίῳ in
the middle of the party

σύν with

συνεχύθην I was confused

συνίημι I understand

σφόδρα greatly,
exceedingly, very much

    σφόδρα οὖν ἐφοβήθη so
he was very afraid

σχεῖν to have, acquire

σῶμα body

σώματα bodies

σώματι body

Τ

τά the

τάλᾶν unfortunate,
unhappy

τάλᾶς unfortunate,
unhappy

τᾱς the

ταῦτα these

    ταῦτα εἰπών after saying
these (words)

    ταῦτα εἰπόντες after
saying these (words)

ταχέως quickly

τε and; both

    ἐν μέσῳ τῶν τε τειχῶν
καὶ τῶν νεῶν between
both the walls and the
ships

θεούς τε καὶ θεᾶς both
gods and goddesses

τέθνηκε died

τέθνηκεν died

τεθνηκότα dead, having
died

τεθνηκότες dead, having
died

τεθνηκότος of dead,
having died

τεθνηκώς dead, having
died

τείχεσι walls

    ἐπὶ τοῖς τείχεσι ἔστασαν
they were standing on the
walls

τείχη walls

    περὶ τὰ τείχη around the
walls

τειχῶν walls

    ἐν μέσῳ τῶν τε τειχῶν
καὶ τῶν νεῶν between
both the walls and the
ships

τέλος end; finally

τέρας monster; wonder

τέσσαρες four

τετέλεσται it is finished,
over, done

τετρωμένος wounded,
having been wounded

τέτρωται was wounded

τέχνᾱς skills

τῇ to the; for the; the

τῇδε this (right here)

    τῇδε τῇ νυκτί tonight

τήν *the*
τῆς *of the; the*
τι *some; a certain*
 τι ηὗρεν *devised something*
  (i.e., had an idea)
τί *what? why?*
 διὰ τί *why?*
 τί δή *what? (emphasized)*
 τί ὄνομά σοι; *what is your*
  name?
 τί οὖν βούλῃ με θῦσαι;
  what then do you want
  me to sacrifice?
 τί ποτε; *what!?!? what in*
  the world?
 τί σοι τὸ πρᾶγμα; *what's*
  wrong? what's the matter?
τινά *some, a certain*
 ἄνδρα τινὰ μέγαν *a*
  certain large man (i.e.,
  that large man)
τινες *some, certain*
 τινες τῶν θεῶν *some of*
  the gods
τινι *some, a certain*
 ἐν νηΐ τινι *in a certain ship*
  (i.e., in one of the ships)
τις *some, someone, a*
 certain
 Ἀχαιός τις *a certain Greek*
  (i.e., one of the Greeks)
 τὸ μῆλον ἔπεμψέν τις
  someone sent the apple
 Σπαρτιάτης τις *a certain*
  Spartan (i.e., one Spartan,
  a Spartan)

τίς *who?*
τό *the*
τοῖς *to the; for the; the*
τόν *the; at the*
τοξεύειν *to shoot (an*
 arrow)
τόξευμα *arrow*
 οὐδεν τόξευμά *no arrow*
τοξεύματα *arrows*
τοξεύματι *arrow*
τοξεύματος *arrow*
τοξευμάτων *of the arrows*
 οὐδὲν τῶν τοξευμάτων
  none of the arrows
τοξόται *archers*
τοξότᾱς *archers*
τοῦ *of the; the*
 τοῦ Ἀχιλλέως ἀπόντος
  since Achilles was absent
 τοῦ δὲ Ἕκτορος ἀπόντος
  since Hector was absent
τοῦδε *this (right here)*
 περὶ τοῦδε *about this*
τούς *the*
τοῦτο *this*
 τοῦτο εἰπὼν *having said*
  this
 τοῦτο τὸ μῆλον *this apple*
τούτοις *these*
τοῦτον *this*
τούτου *of this*
 τούτου ἕνεκα *because of*
  this
τούτῳ *this*
τούτων *these*

τούτων ἕνεκα on account
of these (things), because
of these (things)

τρεῖς three

τρέχοντες (while) running

τρίς thrice, three times

τρίτη third
τῇ δὲ τρίτῃ on the third
(day)

Τροίᾱ Troy

Τροία Troy

Τροίᾱν Troy
τοῦ περὶ τὴν Τροίᾱν
πολέμου of the war
concerning Troy

Τροίᾱς of Troy; Troy

Τρῶας Trojans
καὶ οὕτως ἐνίκησαν τοὺς
Τρῶας and thus they
defeated the Trojans

Τρῶες Trojans

Τρώς Trojan

Τρωσίν to the Trojans;
Trojans
βούλομαί σε μάχεσθαι
τοῖς Τρωσίν I want you
to fight the Trojans
μὴ βοηθήσῃς τοῖς Τρωσίν
don't help the Trojans

Τρώων of the Trojans;
Trojans

τύχης luck, fate
φεῦ τῆς τύχης oh, just my
luck![4]

τύψᾱς having struck, (after)
striking

τῷ to the; for the; the

τῶν of the; the

Υ

ὕδατος water

ὕδωρ water

υἱός son

υἱοῦ son's, of the son

ὕλη forest

ὕλην forest

ὑμᾶς you (pl)

ὑμεῖς you (pl)

ὑμέτερα your (pl)

ὑπέρ on
κάθισον ὑπὲρ τὸν βωμὸν
sit on the altar!

ὑπό by; under
ὑπὸ δὲ τῷ ἵππῳ under
the horse
ὑπὸ τοῦ τε Ἀχιλλέως καὶ
τῶν Ἀχαιῶν by both
Achilles and the Greeks

ὑστεραίᾳ next; later
τῇ δὲ ὑστεραίᾳ on the
next day

Φ

φαγεῖν to eat

φάρμακον magical,
medicinal

φαρμακῶδες magical

φεῖσαι have mercy! spare
(me!)

---

[4] Possibly a more forceful expression than this tame translation.

φέροντας *carrying, bearing*

φέρων *carrying, bearing*

φεῦ *alas! (an expression of anguish or disdain)*

> φεῦ τῆς τύχης *oh, just my luck![5]*

φεύγειν *to flee*

φεύγεις *you flee, are fleeing*

φεύγοντας *fleeing*

> τοὺς Ἀχαιοὺς φεύγοντας *the fleeing Greeks*

φίλε *o friend! o dear!*

φίλησον *kiss!*

φίλος *friend*

φίλτατε *o dearest!*

φοβηθείς *fearing, being afraid*

φοβητέοι *to-be-feared*

φοβητέος *to-be-feared*

φόβος *fear*

φοβοῦμαι *I am afraid, I fear*

φύγετε *flee!*

φωνὴν *sound; voice*

Χ

χαῖρε *hi! hello!*

χαίρωμεν *let us rejoice!*

χαλεπόν *hard, difficult, rough*

> οὐδὲ χαλεπὸν ἦν αὐτῷ *and this was not difficult for him*

χάριν *thanks, favour*

> χάριν σοι *thank you*

χάριν σοι ἔχω *I thank you*

χάριν σοι οἶδα *I thank you*

χειμῶνα *storm*

χθές *yesterday*

χῑλίᾱς *thousand*

χίλιοί *thousand*

χρόνον *time*

> πολὺν οὖν χρόνον *so for a long time*

χρόνου *time*

> πολλοῦ χρόνου *for a long time*

Ω

ὦ *o! (exclamation when speaking to someone)*

ᾧ *(relative pronoun)*

> ἐν ᾧ *while*

ὧδε *here*

ὢν *being*

> θεὸς ὢν *being a god*

ὥρᾱν *hour*

> μετὰ μίαν ὥρᾱν *after one hour*

ὠργίζετο *was becoming angry*

> ὠργίζετο τῷ Ὀδυσσεῖ *was becoming angry with Odysseus*

ὠργίζοντο *they were becoming angry*

ὡρμήσατο *charged*

ὡς *as; how*

ὥστε *so that*

---

[5] Possibly a more forceful expression than this tame translation.

ς

ς' *six*

About Storybase Books

Storybase Books publishes books that help beginners learn Latin and Greek by reading.

Our novellas use limited vocabulary to tell engaging stories that are accessible to novice- and intermediate-level readers. Meanings for many words are provided in footnotes and a full index of all words, word forms, and phrases is included in each novella. Readers can thus read each novella on their own, with others, or with a class.

For all of our novellas, tiered readers, and other books, please visit:

www.storybasebooks.com

NOVELLAS FOR LATIN I

LATIN II

LATIN III
AND IV

AND MORE

GREEK NOVELLAS

COMING IN 2025!

About the Translator

Seumas Macdonald (PhD, Macquarie University) lives in Sydney, Australia, with his wife, Rachel, and daughter. He teaches communicative Latin and Ancient Greek online as The Patrologist.

About the Illustrator

Oralyn Murchison is from Lawrenceville, Georgia. She is currently a senior at Agnes Scott College, where she is pursuing a degree in astrophysics, as well as studying dance technique. Other than drawing, she enjoys reading, writing stories, dancing, playing the guitar, and hanging out with her cat, Tiger, during her free time.